한국어문회시행 (국가공인기관) 한자능력검정시험대비

8급 ~ 5급 한자와 기출문제

편저 : 송 진 면

- 8급에서 5급까지
- 신속한 한자능력검정시험자격을 취득할 수 있는 최상의 필비서!!

법문북스

자기학습능력을 기르는

송한자샘

전국한자능력검정시험 대비
(한국어문회)

(8급~5급 500자)

홈페이지 '송선생한자교실'에서
'훈음 노래 부르기' '한자게임' '한자필순 따라 쓰기'등
다양한 체험 학습이 가능합니다

송선생한자교실

http://songteacher.co.kr/

차 례

◁ 꼭 읽어 보세요 ▷

◇ 자기 학습 능력을 기르는 한자 학습이 되어야 합니다. ◇

본 교재는 '송선생 한자교실' 홈페이지를 이용하여 예습과 복습이 가능하며 또한 훈음을 리듬에 맞추어 노래하는 학습 분위기를 조성하여 즐거운 마음으로 쉽게 배울 수 있고 한자 필순 따라 쓰기와 한자 게임을 통해 자기 학습 능력을 기르며 완전 학습이 이루어지도록 각 급수별로 배우기 쉬운 한자부터 모양이 비슷한 한자로 배열 학습 효과를 높일 수 있게 편성하였습니다.

지난번 방과후 수업에서 '관찰(觀察)의 뜻을 아는 사람.'하고 물은 적이 있었지요. 거의 대부분의 학생들은 대답을 못하는데 한 학생이 '보는 거예요'라고 대답하더군요. 이 대답에 몇 점 주시겠습니까?

만약 한자를 배워 알고 있었다면

관찰(觀察)-觀(볼관), 察(살필찰)-사물을 잘 살펴 봄-색깔, 모양, 크기 등등.

한자를 한글자씩 외워서 익히는 것이 중요한 것이 아니라 그 글자의 짜임과 우리 생활에 어떻게 적용 되는지 대강의 뜻을 따져가며 학습하는 과정에서 아이들의 두뇌활동은 촉진되고 '영리한 학생'. '똑똑한 학생'으로 자라게 됩니다.

우리 국어는 한자를 알아야 낱말의 뜻을 쉽게 이해할 수 있다는 사실을 외면하면 절름발이 국어 학습이 됩니다.

- 교과서에서 사용하는 학습용어의 약80%가 한자어-

예시 : 姓名(성명) → 姓(성씨 성=女+生   名(이름 명)=夕+口

姓은

여자가(女:여자녀) 아이를 낳으면(生:날생) 성씨를 받는다는 데서 성씨성(姓)

名은

저녁때는(夕:저녁석) 어두워 입으로(口:입구) 이름을 부른다는 데서 이름명(名)

- 모든 한자가 다 이런 것은 아니지만 -

원리를 깨닫고 이해하는 가운데 자기 학습 능력은 향상 되리라 믿습니다.

최근 중국의 위상이 나날이 높아가고 있습니다. 따라서 중국에서 사용하는 간체자를 동시에 학습한다면 중국어 배우기는 한결 쉬워지리라 생각됩니다.

일거양득(一擧兩得), 일석이조(一石二鳥),

이 책의 좋은 점

▷ 즐겁게 노래 부르며 한자의 훈음을 익힌다.(홈페이지)

▷ 부수의 그림과 갑골문과 지문으로 한자의 어원을 이해한다.

▷ 한자에 따른 결합한자를 살펴보며 한자의 의미를 안다.

▷ 한자의 번체자(정자)와 간체자를 동시학습을 한다.

▷ 한자 따라 쓰기로 자연스럽게 필순 익힌다.

기대 되는 효과

▷ 한자가 어렵다는 생각보다 재미있는 글자라는 것을 깨닫게 된다.

▷ 자기학습 능력을 향상 시켜 한자를 슬기롭게 익힐 수 있다.

▷ 한자를 익힘으로서 타 교과의 학습 능력이 향상 된다.

저자   송진면 드림

1장. 한자의 이해

1. 한자의 유래와 3요소

1)한자의 유래(由來)

갑골문·금문에서 한자의 초기 구성 형태를 살펴보면, 글자들의 대부분이 사물의 구체적인 모양을 본떴고, 글자의 소리[字音]도 자연현상의 음향(音響)을 취해 이루어졌다.

 예를 들면, '鼎(솥 정)' 자는 청동으로 만든 의식용 솥의 모양을 본떴는데, 솥의 울림소리인 지~엉~하는 음향을 취해 '정'을 그 글자의 음으로 삼았다.

2)한자의 3요소

소리글자(표음문자)인 한글과 영어의 알파벳은 글자 형태(자형)와 소리(발음) 두 가지 요소로 구성되어 있다.

한자는 소리글자(표음문자)인 한글이나 영어와는 달리 특정한 사물(事物)이나 개념[뜻·의미]을 하나의 글자로 나타낸 뜻글자(표의문자)이다. 따라서 각각의 한자는 **모양**[字形:글자의 형태]과 **소리**[字音:글자의 발음]와 **뜻**[字義:글자의 의미] 등 세 가지 요소로 구성되어 있다.

예컨대, 한글에서 '상'이라 하면 밥상 할 때 '상(床)'인지, 상대방의 '상(相)'을 뜻하는 것인지, '상(賞)을 받았어요!'의 첫소리로 쓰인 것인지를 낱말이나 문장 전체를 파악해야만 그 의미를 정확히 알 수 있다. 그러나 한자에서 '象'하면 '코끼리'라는 의미가 그 글자 자체(字體)에서 드러난다.

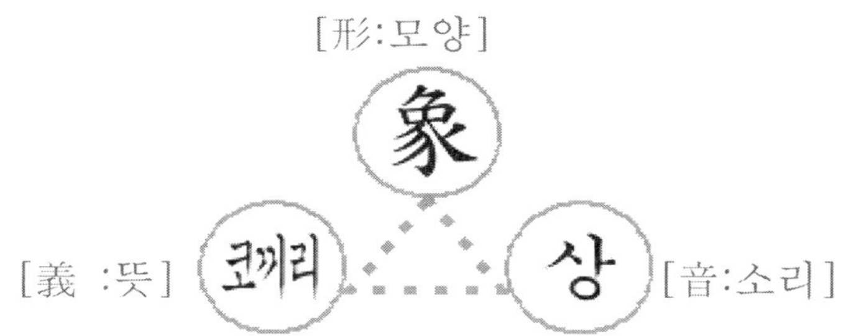

이와 같은 원리(原理)로 이루어진 한자는, 오랜 세월을 두고 여러 사람의 창의(創意)와 연구에 의해서 발전되고, 사람들의 생활양식이 발달함에 따라 그 글자수가 늘어났다. 뿐만 아니라, 삶의 방식의 변천과 지역적인 차이로 말미암아 모양·뜻·발음에도 변화가 생겨 지금처럼 다양화 되었다.

3)한자 글꼴의 변천 과정

갑골문에서 간체자까지

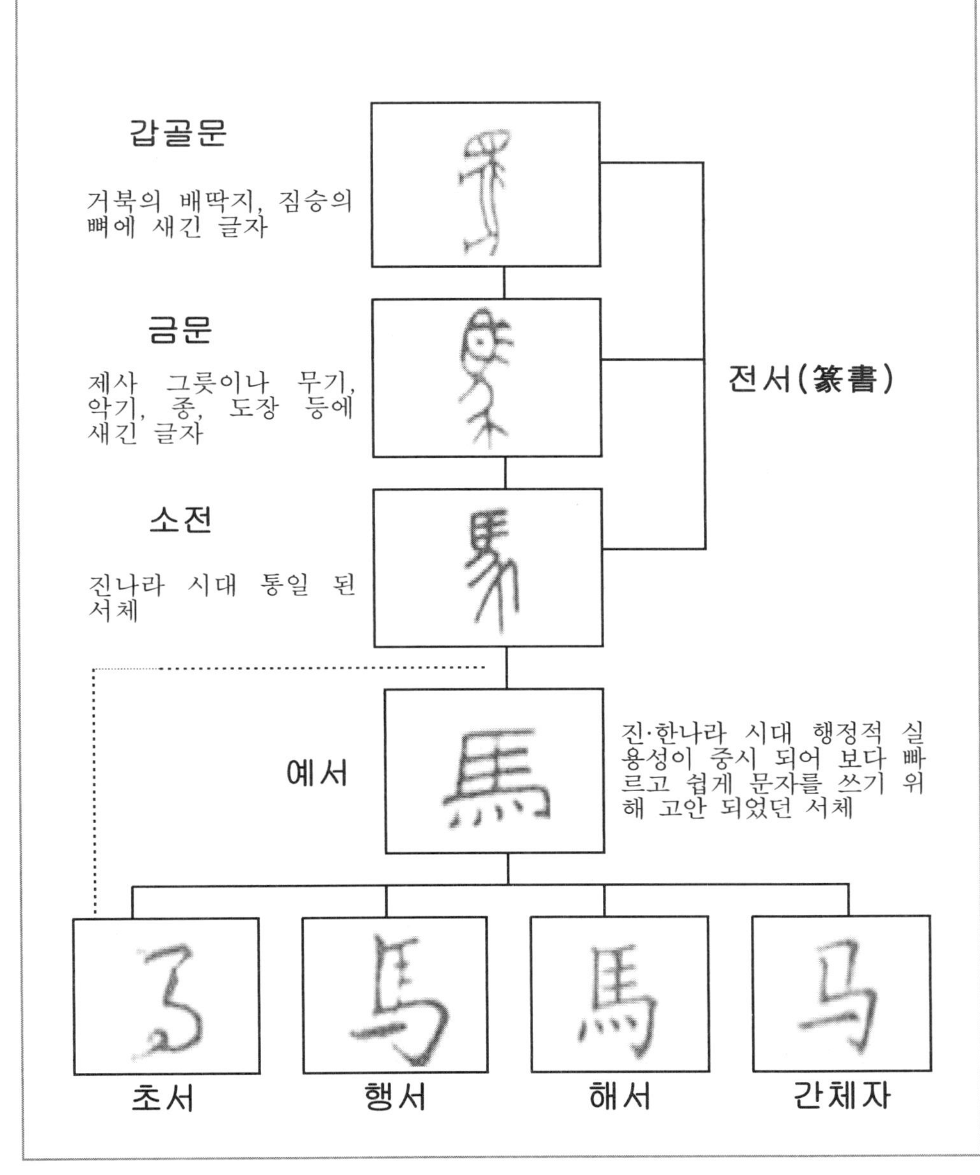

2. 한자의 자획과 필순(筆順)

1) 한자의 자획(字劃)

　'자획'이란 한자를 이루고 있는 점이나 선을 말한다. 한자를 쓸 때 붓을 대어 한 번에 긋는 것을 '획'이라고 한다. 즉 한자를 쓸 때에 한 번 붓을 대어서 뗄 때까지 그어진 점이나 선이 1획이 된다. 이러한 점이나 선을 합친 수를 '획수'라고 한다. 예를 들어 '山'자는 총 3획이고, '出'자는 총 5획이다.

　한자에 따라서 1획인지 2획인지 잘 구분하기 힘든 것도 많이 있다. 이러한 한자는 주의하여 미리 익혀두면 나중에 자전(字典=한자사전)을 이용하여 한자를 찾거나 필순을 익힐 때 유용하다.

▶ **기본 자획의 명칭**

　자획을 점과 직선 및 곡선으로 나누어 살펴보면 다음과 같다

(1)점으로 된 획

✔ 왼점	✔ 오른점

(2)직선으로 된 획

― 가로획	｜ 세로획	┛ 왼갈고리
↳ 오른갈고리	→ 평갈고리	┐ 꺾은 갈고리
┓ 오른꺾음	└ 왼꺾음	

(3)곡선으로 된 획

╱ 삐침	╲ 파임	✔ 치킴
╲ 지게다리	╰ 누운지게다리	╮ 굽은갈고리
└ 새가슴	ㄅ 좌우꺾음	㇈ 새날개

2) 한자의 필순(筆順) : 한자의 점획을 써 나가는 순서
  ▶ 필순의 기본원칙
   (1) 위에서 아래로 쓴다.

   一 二 三 (석 삼)

   (2) 왼쪽에서 오른쪽으로 쓴다.

   丿 刂 川 (내 천)

   (3) 가로획과 세로획이 교차될 때에는 가로획을 먼저 쓴다.

   丿 刀 月 月 用 (쓸 용)

  ▶ 필순의 일반규칙
   (1) 삐침을 먼저 파임을 나중에 쓴다.

   丿 八 夕 父 (아비 부)

   (2) 좌우 대칭을 이루는 글자는 가운데를 먼저 쓴다.

   丿 小 小 (작을 소)

   (3) 안을 에워싸고 있는 글자는 바깥을 안보다 먼저 쓴다.

   丨 冂 月 冋 同 同 (한가지 동)

   (4) 글자를 꿰뚫는 획은 나중에 맨 나중에 쓴다.

   丶 口 口 中 (가운데 중)
   乚 夕 丹 母 母 (어미 모)

   (5) 오른쪽 위의 점은 맨 나중에 찍는다.

   丿 仁 仁 仁 代 代 (대신할 대)

   (6) 走, 是 등의 받침을 먼저 쓴다.

   一 十 土 キ キ 丰 走 起 起 起 (일어날 기)
   是 是 是 是 題 題 題 題 題 題 (제목 제)

   (7) 廴 , 辶과 같은 받침은 나중에 쓴다.

   一 二 千 壬 任 廷 廷 (조정 정)
   一 厂 斤 斤 斤 沂 近 近 (가까울 근)

3. 부수(部首)에 대하여

1) 부수는 어떻게 만들어졌나?

부수(部首)는 수많은 한자를 어떻게 하면 체계적으로 분류 배열할 수 있을까? 고민하는 과정에서 만들어졌다. 중국 후한 때 학자 허신은『설문해자』라는 최초의 한자자전을 편찬하면서, 당시 통용되던 한자 9,353자의 자형(字形)의 구조를 체계적으로 분석하여 540部(부·group)로 분류하고, 각 부류(部類)별 대표적 상징 역할을 하는 한자를 그 부류(group)의 부수(部首)로 삼았다.

2) 부수 학습의 효용

부수를 알게 되면, 모르는 한자라도 그 글자의 대략적인 의미를 알 수 있으며 자전(字典)에서 한자를 쉽게 찾아 볼 수 있다. 또 아무리 획수가 많은 복잡한 한자라도 부수를 바탕으로 한자 구조를 파악해 무작정 한자를 외우지 않고 원리를 생각하면서 쓰고 익히게 된다.

이렇게 한자를 원리적으로 공부하게 되면, 한 번 익힌 한자는 정확하게 기억 할 수 있어 잊어버리지 않게 되므로 한자 공부에 흥미를 잃지 않게 된다.

더불어 부수를 중심으로 한자가 어떻게 만들어졌나? 생각하는 과정에서 추리력·사고력·집중력·논리력이 길러져 학습 역량을 강화 시킨다.

3) 부수의 위치에 따른 명칭

부수가 글자에 놓이는 위치에 따라 다음과 같이 여덟 가지로 나눌 수 있다.

(1) 邊(변) : 글자의 왼쪽부분을 차지하는 부수를 '**변**'이라고 함.[왼변]

- 亻(人) 사람인변　　　　: 休(쉴 휴), 信(믿을 신), 仙(신선 선)
- 氵(水) 물수변[삼수변] : 江(강 강), 海(바다 해), 洋(큰 바다 양)

(2) 傍(방) :글자의 오른쪽부분을 차지하고 있는 부수를 '**방**'이라고 함[우방]

- 攵(攴) 칠복방[둥글월문방] : 敎(가르칠 교), 放(놓을 방)
- 刂(刀) 칼도방[선칼도방] 　: 利(날카로울 리), 別(나눌 별)

(3) 머리 : 글자의 윗부분에 놓여있는 부수를 '**머리**'라고 함.

- ⺮(竹)대죽머리　　　　: 筆(붓 필), 簡(대쪽 간), 答(대답 답)
- ++(艸)풀초머리[초두] : 草(풀 초), 花(꽃 화), 英(꽃부리 영)

(4) 발 : 글자의 아래 부분에 놓여있는 부수를 '**발**'이라고 함.
        • 皿 그릇 명   : 益(더할 익), 監(볼 감), 盛(성할 성)
        • 儿 어진사람인발 : 先(먼저 선), 兄(형 형), 光(빛 광)

(5) 엄 : 글자의 위와 왼쪽을 둘러싸는 부수를 '**엄**'이라고 함. <위원엄>
        • 广 집 엄   : 度(법도 도), 序(차례 서), 廣(넓을 광)
        • 尸 주검시엄 : 尾(꼬리 미), 屋(집 옥), 尺(자 척)

(6) 받침 : 글자의 왼쪽과 아래를 둘러싸는 부수를 '**받침**'이라고 함
        • 辶(辵)갈 착[책받침] : 道(길 도), 過(지날 과)
        • 走 달릴 주   : 起(일어날 기), 超(넘을 초), 越(넘을 월)

(7) 몸 : 글자의 바깥 둘레를 감싸고 있는 부수를 '**몸**'이라고 함.[바깥
둘레몸]

        • 囗 에운담 위[큰입구몸] : 國(나라 국), 圖(그림 도), 園(동산 원)

        • 門 문 문   : 間 (사이 간), 開(열 개), 關(관계할 관)

        • 匸 감출 혜 : 區(나눌 구), 匹(짝 필)

        • 行 다닐 행 : 術(재주 술), 街(거리 가)

(8) 제부수 : 한 글자가 그대로 쓰이는 부수를 '**제부수**'라고 함.
        • 車(수레 거/차), 身(몸 신), 魚(고기 어), 立(설 립)

▶ **변형 부수**
    변형 부수란 부수가 다른 글자와 결합하여 편방(偏旁)으로 쓰일 때, 놓이는
위치에 따라 본래 부수 모양에서 달라진 부수를 말한다. 변형부수는 그 모양이
달라져도 본래 부수와 똑같은 의미를 지닌다.

    *변형부수의 예
        心 = 忄 = 㣺
    사람의 심장 모양을 본떠서 만든 心(마음 심)은 感(느낄 감), 思(생각
사), 情(뜻 정), 性(성품 성), 慕(그리워할 모), 恭(공손할 공) 등의 부수로 쓰이
는데, 사람의 성품과 마음의 상태와 관련하여 활용된다. 모양은 다르지만 모두
心이 상징하는 의미는 같다. 쓰이는 위치에 따라 모양만 달라질 뿐이다.

자기학습능력을 기르는

송한자샘

한글과 한자는 국어의 양 날개

(한국어문회편)

(8급)

송선생한자교실

http://songteacher.co.kr/

(홈페이지 학습 자료('예습 · 복습 · 자기평가.)

◇네이버 검색:송선생한자교실 ◇문의전화:018-237-0337

1호	一	二	三	四	五
	六	七	八	九	十
2호	日	月	火	水	木
	土	王	大	中	小
3호	父	母	女	人	白
	寸	山	外	民	年
4호	先	生	兄	弟	長
	東	西	南	北	門
5호	學	校	敎	室	金
	靑	軍	韓	國	萬

8급 50자 학습후 7급 100자 학습

한자	부수	뜻	쓰기					적용
一 한일	一 1획	㉠하나, 일 ㉡첫째 ㉢첫번째	一	一	一			一年(　　) 一生(　　)
二 두이	二 2획	㉠두, 둘째 ㉡두 번 ㉢버금	二	二	二			二月(　　) 二人(　　)
三 석삼	一 3획	㉠석, 셋 ㉡세 번 ㉢자주	三	三	三			三月(　　) 三寸(　　)
四 넉사	口 5획	㉠넉, 넷 ㉡네 번 ㉢사방	四	四	四			四寸(　　) 四方(　　)
五 다섯오	二 4획	㉠다섯 ㉡다섯 번	五	五	五			五月(　　) 五日(　　)

선생님이나 부모님이 가끔씩 훈음을 물어보고 맞으면 싸인하고 칭찬해 주세요

三	五	一	四	二

한자	부수	뜻	쓰기					적용
六 여섯륙/육	八 4획	㉠여섯 ㉡여섯 번	六	六	六			六日( ) 六月( )
七 일곱칠	一 2획	㉠일곱 ㉡일곱 번	七	七	七			七色( ) 七夕( )
八 여덟팔	八 2획	㉠여덟 ㉡여덟 번 ㉢나누다	八	八	八			八道( ) 八方( )
九 아홉구	乙 2획	㉠아홉 ㉡아홉 번	九	九	九			九月( ) 九日( )
十 열십	十 5획	㉠열 ㉡열 번	十	十	十			十年( ) 十月( )

선생님이나 부모님이 가끔씩 훈음을 물어보고 맞으면 싸인하고 칭찬해 주세요

九	六	十	八	七

한자	부수	뜻	쓰기					적용
日 날일	日 4획	㉠날 ㉡낮 ㉢해, 태양	日	日	日			日記(　　) 每日(　　)
月 달월	月 4획	㉠달 ㉡세월 ㉢달빛	月	月	月			月給(　　) 月末(　　)
火 불화	火 4획	㉠불 ㉡열과 빛 ㉢타는 불	火	火	火			火災(　　) 火傷(　　)
水 물수	水 4획	㉠물 ㉡강물 ㉢액체	水	水	水			水泳(　　) 水道(　　)
木 나무목	木 4획	㉠나무 ㉡목재	木	木	木			木手(　　) 木材(　　)

선생님이나 부모님이 가끔씩 훈음을 물어보고 맞으면 싸인하고 칭찬해 주세요

木	火	日	水	月

한자	부수	뜻	쓰기					적용
土 흙토	土 3획	㉠흙 ㉡땅 ㉢토양	土	土	土			土地(　　) 黃土(　　)
王 임금왕	玉 4획	㉠임금	王	王	王			王子(　　) 王孫(　　)
大 큰대	大 3획	㉠크다 ㉡높다 ㉢훌륭하다	大	大	大			大門(　　) 大學(　　)
中 가운데중	l 4획	㉠가운데 ㉡안 ㉢속	中	中	中			中學(　　) 中央(　　)
小 작을소	小 3획	㉠작다	小	小	小			大小(　　) 小兒(　　)

선생님이나 부모님이 가끔씩 훈음을 물어보고 맞으면 싸인하고 칭찬해 주세요

大	小	土	王	中

한자	부수	뜻	쓰기					적용
父 아버지부	父 4획	㉠아버지 ㉡아비 ㉢아빠	父	父	父			父母(　　) 祖父(　　)
母 어머니모	母 5획	㉠어머니 ㉡어미	母	母	母			母女(　　) 母校(　　)
女 여자녀/여	女 3획	㉠여자 ㉡딸	女	女	女			女王(　　) 仙女(　　)
人 사람인	人 2획	㉠사람 ㉡인간	人	人	人			人間(　　) 人形(　　)
白 흰백	白 5획	㉠희다 ㉡깨끗하다 ㉢분명하다	白	白	白			白軍(　　) 白色(　　)

선생님이나 부모님이 가끔씩 훈음을 물어보고 맞으면 싸인하고 칭찬해 주세요

母	人	白	父	女

한자	부수	뜻	쓰기					적용
寸 마디촌	寸 3획	㉠마디 ㉡치(길이)	寸	寸	寸			寸數(　　) 四寸(　　)
山 메/뫼산	山 3획	㉠메 ㉡뫼 ㉢산	山	山	山			江山(　　) 山所(　　)
外 바깥외	夕 5획	㉠바깥 ㉡겉	外	外	外			外出(　　) 外食(　　)
民 백성민	氏 5획	㉠백성	民	民	民			國民(　　) 民主(　　)
年 해년	干 6획	㉠해 ㉡나이	年	年	年			豊年(　　) 靑年(　　)

선생님이나 부모님이 가끔씩 훈음을 물어보고 맞으면 싸인하고 칭찬해 주세요

民	山	寸	年	外

한자	부수	뜻	쓰기					적용
先 먼저선	儿 6획	㉠먼저 ㉡미리 ㉢이전	先	先	先			先生(　) 先輩(　)
生 날생	生 5획	㉠나다 ㉡낳다 ㉢살다	生	生	生			生命(　) 生活(　)
兄 형/맏형	儿 5획	㉠형 ㉡맏. 맏이	兄	兄	兄			兄弟(　) 長兄(　)
弟 아우제	弓 7획	㉠아우 ㉡나이 어린사람	弟	弟	弟			弟子(　) 兄弟(　)
長 긴장 长	長 8획	㉠길다 ㉡자라다 ㉢어른	長	長	長			長短(　) 家長(　)

선생님이나 부모님이 가끔씩 훈음을 물어보고 맞으면 싸인하고 칭찬해 주세요

弟	生	長	兄	先

한자	부수	뜻	쓰기					적용
東 동녘동 东	木 8획	㉠동녘 ㉡동쪽	東	東	東			東西(　　)
			东	东	东			東海(　　)
西 서녘서	襾 6획	㉠서녘 ㉡서쪽	西	西	西			西洋(　　) 東西(　　)
南 남녘남	十 9획	㉠남녘 ㉡남쪽 ㉢남쪽나라	南	南	南			南北(　　) 南山(　　)
北 북녘북	匕 5획	㉠북녘 ㉡북쪽 ㉢달아나다	北	北	北			北風(　　) 敗北(　　)
門 문문 门	門 8획	㉠문 ㉡집안 ㉢문벌	門	門	門			校門(　　)
			门	门	门			家門(　　)

선생님이나 부모님이 가끔씩 훈음을 물어보고 맞으면 싸인하고 칭찬해 주세요

南	門	北	西	東

한자	부수	뜻	쓰기					적용
學 배울학 学	子 16획	㉠배우다 ㉡공부하다	學	學	學			學校( ) 學生( )
			学	学	学			
校 학교교	木 10획	㉠학교	校	校	校			學校( ) 校長( )
教 가르칠교 敎	攵 11획	㉠가르치다	敎	敎	敎			敎育( ) 敎室( )
			敎	敎	敎			
室 집실	宀 9획	㉠집 ㉡방 ㉢거실	室	室	室			室內( ) 居室( )
金 쇠금/성김	金 8획	㉠쇠 ㉡금 ㉢성씨 김	金	金	金			金庫( ) 黃金( )

선생님이나 부모님이 가끔씩 훈음을 물어보고 맞으면 싸인하고 칭찬해 주세요

室	金	校	學	敎

한자	부수	뜻	쓰기					적용
靑 푸를청 靑	靑 8획	㉠푸르다 ㉡젊다 ㉢푸른빛	靑	靑	靑			靑軍(　　) 靑年(　　)
軍 군사군 軍	冖 9획	㉠군사 ㉡군인	軍	軍	軍			軍人(　　) 女軍(　　)
韓 한국한 韓	韋 17획	㉠대한민국 ㉡나라이름	韓	韓	韓			韓國(　　) 韓服(　　)
國 나라국 国	囗 11획	㉠나라 ㉡국가	國	國	國			國家(　　) 國民(　　)
萬 일만만 万	艹 13획	㉠일만	萬	萬	萬			萬人(　　) 萬能(　　)

선생님이나 부모님이 가끔씩 훈음을 물어보고 맞으면 싸인하고 칭찬해 주세요

韓	萬	靑	軍	國

[문제 1-10] 다음 주어진 글을 읽고 ( ) 안의 漢字(한자)의 讀音(독음; 읽는 소리)을 쓰세요.

<보기> : (音) → 음

[1] (四)   (   )
[2] (寸)   (   )
[3] (兄)과 야구를 보았습니다.
[4] (韓)   (   )
[5] (國)이   (   )
[6] (中)국을 이겼습니다.   (   )
[7] (靑)소   (   )
[8] (年)   (   )
[9] (大)회에서   (   )
[10] (金)메달을 땄습니다   (   )

[문제 11-20] 다음 밑줄 친 말에 해당하는 漢字한자를 <보기>에서 찾아 그 번호를 쓰세요.

<보기>

① 十 ② 母 ③ 九 ④ 火 ⑤ 軍
⑥ 外 ⑦ 弟 ⑧ 土 ⑨ 木 ⑩ 二

[11] 두 밤만 지나면 설날입니다. (   )
[12] 용감한 군인 아저씨!   (   )
[13] 열 사람이 손을 들었어요.   (   )
[14] 아홉에 하나를 더하면   (   )
[15] 동생이 있으면 좋겠습니다.   (   )
[16] 나무에 새가 앉아 있습니다. (   )
[17] 씨앗을 흙에 묻었습니다.   (   )
[18] 어머니께서 불렀습니다.   (   )
[19] 산불을 조심합시다.   (   )
[20] 밖에 눈이 내립니다.   (   )

[문제 21-30] 다음 말에 알맞은 漢字한자를 <보기>에서 찾아그 번호를 쓰세요.

<보기>

① 五 ② 民 ③ 女 ④ 東 ⑤ 校
⑥ 長 ⑦ 八 ⑧ 月 ⑨ 敎 ⑩ 先

[21] 학교 (   )
[22] 여덟 (   )
[23] 달   (   )
[24] 다섯 (   )
[25] 백성 (   )
[26] 동녘 (   )
[27] 길다 (   )
[28] 가르치다 (   )
[29] 먼저 (   )
[30] 여자 (   )

[문제 31-40] 다음 글을 읽고 밑줄 친 말에 해당하는 漢字한자를 <보기>에서 찾아 그 번호를쓰세요.

<보기> : 天 -> 하늘 천

① 三 ② 水 ③ 北 ④ 小 ⑤ 南
⑥ 父 ⑦ 人 ⑧ 白 ⑨ 日 ⑩ 七

[31] 일곱에서   (   )
[32] 셋을 빼면 얼마입니까   (   )
[33] 남쪽과   (   )
[34] 북쪽별이 함께 만났습니다. (   )
[35] 하얀 벽에   (   )
[36] 아버지를 그렸습니다.   (   )
[37] 작은 배가   (   )
[38] 물 위로 떠갑니다.   (   )
[39] 사람들은 떠오른   (   )
[40] 해를 보았습니다.   (   )

[문제 41-48] 다음 漢字한자의 훈(訓: 뜻)이나 음(音: 소리)을 <보기>에서 찾아 그 번호를 쓰세요.

  <보 기>

① 서쪽　② 왕　③ 륙　④ 하나

⑤ 산　　⑥ 문　⑦ 집　⑧ 생

[41] 山 (　　)

[42] 西 (　　)

[43] 一 (　　)

[44] 生 (　　)

[45] 六 (　　)

[46] 室 (　　)

[47] 門 (　　)

[48] 王 (　　)

[문제 49-50] 다음 漢字한자의 진하게 표시한 획은 몇 번째 쓰는지 <보기>에서 찾아 그 번호 를 쓰세요.

  <보기>

① 첫 번째　　② 두 번째

③ 세 번째　　④ 네 번째

⑤ 다섯 번째　⑥ 여섯 번째

⑦ 일곱 번째　⑧ 여덟 번째

⑨ 아홉 번째　⑩ 열 번째

⑪ 열한 번째　⑫ 열두 번째

⑬ 열세 번째　⑭ 열네 번째

[49] (　　)

[50] (　　)

  <수고하셨습니다>

[문제 1-10] 다음 주어진 글을 읽고 ( ) 안의 漢字(한자)의 讀音(독음; 읽는 소리)을 쓰세요.

    <보기> : (音) → 음

[1] 창(門) 너머 　　　　　　　　　(　　　)
[2] (北)쪽으로 　　　　　　　　　(　　　)
[3] (國)기가 펄럭이고 　　　　　　(　　　)
[4] (南)쪽으로는 　　　　　　　　(　　　)
[5] (山)이 보입니다. 　　　　　　(　　　)
[6] 운동장에서 (白)군과 　　　　　(　　　)
[7] (靑)군이 달리기 시합을 합니다.
　　　　　　　　　　　　　　　　(　　　)
[8] (兄)들은 축구를 하고 　　　　　(　　　)
[9] (先)생님이 호루라기를 부십니다.
　　　　　　　　　　　　　　　　(　　　)
[10] (女)학생들은 머리에 리본을 꽂았습니다. 　　　　　　　　　　　　(　　　)

[문제 11-20] 다음 밑줄 친 말에 해당하는 漢字한자를 <보기>에서 찾아 그 번호를 쓰세요.

    <보기>
  ① 父 ② 小 ③ 大 ④ 土　⑤ 弟
  ⑥ 母 ⑦ 軍 ⑧ 民 ⑨ 人　⑩ 七

[11] 큰 도시에는 　　　　　　　　(　　　)
[12] 사람이 많습니다. 　　　　　　(　　　)
[13] 군인들은 나라를 지킵니다. (　　　)
[14] 아버지와 　　　　　　　　　(　　　)
[15] 어머니는 　　　　　　　　　(　　　)
[16] 농사짓는 백성입니다. 　　　　(　　　)
[17] 내 아우는 　　　　　　　　　(　　　)
[18] 키가 작고 　　　　　　　　　(　　　)
[19] 흙장난을 좋아하고 　　　　　(　　　)
[20] 아침 일곱 시에 일어납니다. (　　　)

[문제 21-30] 다음 말에 알맞은 漢字한자를 <보기>에서 찾아그 번호를 쓰세요.

    < 　보기>
  ① 月 ② 中 ③ 室 ④ 火 ⑤ 日
  ⑥ 韓 ⑦ 寸 ⑧ 八 ⑨ 木　⑩ 外

[21] 여덟 　　　(　　　)
[22] 집 　　　　(　　　)
[23] 밖 　　　　(　　　)
[24] 불 　　　　(　　　)
[25] 나무 　　　(　　　)
[26] 달 　　　　(　　　)
[27] 마디 　　　(　　　)
[28] 가운데 　　(　　　)
[29] 한국(나라) 　　(　　　)
[30] 날 　　　　(　　　)

[문제 31-40] 다음 漢字한자의 훈(訓; 뜻)과 음(音; 소리)을 쓰세요.

    <보기> : 天 -> 하늘 천

[31] 學 (　　　　)
[32] 年 (　　　　)
[33] 東 (　　　　)
[34] 萬 (　　　　)
[35] 六 (　　　　)
[36] 生 (　　　　)
[37] 四 (　　　　)
[38] 敎 (　　　　)
[39] 一 (　　　　)
[40] 金 (　　　　)

[문제 41-48] 다음 漢字한자의 훈(訓: 뜻)이나 음(音: 소리)을 <보기>에서 찾아 그 번호를 쓰세요.

　　<보 기>
　① 열　　② 둘　　③ 임금　④ 학교
　⑤ 서녘　⑥ 다섯　⑦ 물　　⑧ 길다

[41] 王 (　　　　)
[42] 西 (　　　　)
[43] 水 (　　　　)
[44] 二 (　　　　)
[45] 校 (　　　　)
[46] 長 (　　　　)
[47] 十 (　　　　)
[48] 五 (　　　　)

[문제 49-50] 다음 漢字한자의 진하게 표시한 획은 몇 번째 쓰는지 <보기>에서 찾아 그 번호 를 쓰세요.

　　<보기>
　① 첫 번째　　② 두 번째
　③ 세 번째　　④ 네 번째
　⑤ 다섯 번째　⑥ 여섯 번째
　⑦ 일곱 번째　⑧ 여덟 번째
　⑨ 아홉 번째　⑩ 열 번째

[49]　(　　)

[50]　(　　)

　　<수고하셨습니다>

한국어문회 7급 선정한자(100자)

1호	入	口	力	方	夕	上	下	工	夫	天
2호	立	午	川	江	文	手	百	內	左	右
3호	千	心	少	有	名	不	足	市	子	字
4호	自	出	主	住	地	正	平	車	每	休
5호	世	來	里	面	全	老	孝	命	同	洞
6호	空	所	花	草	林	安	姓	氣	食	育
7호	事	活	祖	登	男	色	邑	算	數	重
8호	春	夏	秋	冬	便	紙	時	間	問	答
8호	語	直	記	農	然	道	植	物	動	場
10호	村	旗	歌	漢	海	家	電	前	後	話

7급 100자 학습후 6급 150자 학습

한자	부수	뜻	쓰기					적용
入 들입	入 2획	㉠들다 ㉡들이다	入	入	入			入口(　　) 出入(　　)
口 입구	口 3획	㉠입 ㉡입구 ㉢말하다	口	口	口			入口(　　) 食口(　　)
力 힘력	力 2획	㉠힘 ㉡힘쓰다	力	力	力			體力(　　) 國力(　　)
方 모방	方 4획	㉠모 ㉡모서리 ㉢방향	方	方	方			方向(　　) 方法(　　)
夕 저녁석	夕 3획	㉠저녁 ㉡밤 ㉢밤일	夕	夕	夕			七夕(　　) 秋夕(　　)

선생님이나 부모님이 가끔씩 훈음을 물어보고 맞으면 싸인하고 칭찬해 주세요

方	入	夕	力	口

한자	부수	뜻	쓰기					적용	
上 위상	一 3획	㉠위 ㉡앞	上	上	上			上下(　　)	世上(　　)
下 아래하	一 3획	㉠아래 ㉡밑 ㉢뒤	下	下	下			上下(　　)	下車(　　)
工 장인공	工 3획	㉠장인 ㉡기교 ㉢만들다	工	工	工			工事(　　)	工場(　　)
夫 남편부	大 4획	㉠지아비 ㉡남편 ㉢사내	夫	夫	夫			夫婦(　　)	農夫(　　)
天 하늘천	大 4획	㉠하늘 ㉡하느님	天	天	天			天地(　　)	天使(　　)

선생님이나 부모님이 가끔씩 훈음을 물어보고 맞으면 싸인하고 칭찬해 주세요

工	夫	上	天	下

한자	부수	뜻	쓰기					적용
立 설립	立 5획	㉠서다 ㉡세우다	立	立	立			自立(　　) 獨立(　　)
午 낮오	十 4획	㉠낮 ㉡정오	午	午	午			午前(　　) 午後(　　)
文 글월문	文 4획	㉠글월 ㉡글 ㉢글자	文	文	文			文字(　　) 文盲(　　)
川 내천	川 3획	㉠내 ㉡시내	川	川	川			山川(　　) 河川(　　)
江 강강	氵 6획	㉠강 ㉡큰 내	江	江	江			江山(　　) 漢江(　　)

선생님이나 부모님이 가끔씩 훈음을 물어보고 맞으면 싸인하고 칭찬해 주세요

文	川	午	立	江

한자	부수	뜻	쓰기					적용
手 손수	手 4획	㉠손 ㉡재주 ㉢솜씨	手	手	手			手巾(　　) 投手(　　)
百 일백백	白 6획	㉠일백 ㉡백번 ㉢모두	百	百	百			百日(　　) 百姓(　　)
內 안내	入 4획	㉠안 ㉡속	內	內	內			內容(　　) 室內(　　)
左 왼좌	工 5획	㉠왼 ㉡왼쪽	左	左	左			左右(　　) 左翼(　　)
右 오른우	口 5획	㉠오른쪽 ㉡오른손	右	右	右			右側(　　) 左右(　　)

선생님이나 부모님이 가끔씩 훈음을 물어보고 맞으면 싸인하고 칭찬해 주세요

內	右	百	手	左

한자	부수	뜻	쓰기					적용
千 일천천	十 3획	㉠일천 ㉡여러번	千	千	千			千里(　　) 千年(　　)
心 마음심	心 4획	㉠마음 ㉡뜻 ㉢생각	心	心	心			安心(　　) 慾心(　　)
少 적을소	小 4획	㉠적다 ㉡젊다 ㉢적어지다	少	少	少			多少(　　) 少年(　　)
有 있을유	月 6획	㉠있다 ㉡존재하다 ㉢가지다	有	有	有			有名(　　) 所有(　　)
名 이름명	口 6획	㉠이름	名	名	名			姓名(　　) 有名(　　)

선생님이나 부모님이 가끔씩 훈음을 물어보고 맞으면 싸인하고 칭찬해 주세요

少	名	心	千	有

한자	부수	뜻	쓰기					적용
不 아닐불/부	一 4획	㉠아니다 ㉡아니하다 ㉢못하다	不	不	不			不足( ) 不良( )
足 발족	足 7획	㉠발 ㉡만족하다	足	足	足			足球( ) 手足( )
市 저자시	巾 5획	㉠저자 ㉡물건을 파는 시장	市	市	市			市場( ) 市民( )
子 아들자	子 3획	㉠아들 ㉡자식 ㉢첫째지지	子	子	子			子女( ) 子息( )
字 글자자	子 6획	㉠글자 ㉡문자	字	字	字			文字( ) 字間( )

선생님이나 부모님이 가끔씩 훈음을 물어보고 맞으면 싸인하고 칭찬해 주세요

市	不	字	子	足

한자	부수	뜻	쓰기					적용
自 스스로자	自 6획	㉠스스로 ㉡몸소 ㉢자기	自	自	自			自己(　) 自動(　)
出 날출	凵 5획	㉠나다 ㉡나가다 ㉢떠나다	出	出	出			出入(　) 出發(　)
主 주인주	丶 5획	㉠임금 ㉡주인 ㉢우두머리	主	主	主			主人(　) 主張(　)
住 살주	亻 7획	㉠살다 ㉡거주하다 ㉢숙박하다	住	住	住			住民(　) 住所(　)
地 따/땅지	土 6획	㉠땅 ㉡대지	地	地	地			地球(　) 地圖(　)

선생님이나 부모님이 가끔씩 훈음을 물어보고 맞으면 싸인하고 칭찬해 주세요

住	自	地	主	出

한자	부수	뜻	쓰기					적용
正 바를정	止 5획	㉠바르다 ㉡정당하다	正	正	正			正答(　　) 正確(　　)
平 평평할평	干 5획	㉠평평하다 ㉡고르다	平	平	平			平和(　　) 平等(　　)
車 車 수레거/차	車 7획	㉠수레 ㉡수레바퀴	車 车	車 车	車 车			車庫(　　) 駐車(　　)
每 매양매	母 7획	㉠매양 ㉡늘, 매번 ㉢항상	每	每	每			每日(　　) 每事(　　)
休 쉴휴	亻 6획	㉠쉬다 ㉡휴식하다 ㉢멈추다	休	休	休			休日(　　) 休暇(　　)

선생님이나 부모님이 가끔씩 훈음을 물어보고 맞으면 싸인하고 칭찬해 주세요

車	每	正	休	平

한자	부수	뜻	쓰기					적용
世 세상 세	一 5획	㉠인간 ㉡세상 ㉢세대	世	世	世			世上（　　） 世界（　　）
來 来 올 래	人 8획	㉠오다 ㉡돌아오다	來 来	來 来	來 来			來年（　　） 未來（　　）
里 마을 리	里 7획	㉠마을 ㉡거리를 　재는 단위	里	里	里			里長（　　） 十里（　　）
面 낯 면	面 9획	㉠낯 ㉡얼굴 ㉢겉	面	面	面			面刀（　　） 面接（　　）
全 全 온전할 전	入 6획	㉠온전하다 ㉡무사하다	全 全	全 全	全 全			全國（　　） 安全（　　）

선생님이나 부모님이 가끔씩 훈음을 물어보고 맞으면 싸인하고 칭찬해 주세요

里	全	來	面	世

한자	부수	뜻	쓰기					적용
老 늙을로	老 6획	㉠늙다 ㉡익숙하다 ㉢노련하다	老	老	老			老人(　　) 敬老(　　)
孝 효도효	子 7획	㉠효도 ㉡효도하다 ㉢본받다	孝	孝	孝			孝女(　　) 孝道(　　)
命 목숨명	口 8획	㉠목숨 ㉡생명 ㉢수명	命	命	命			命令(　　) 生命(　　)
同 한가지동	口 6획	㉠한가지 ㉡무리 ㉢같다	同	同	同			同生(　　) 合同(　　)
洞 골/마을동	氵 9획	㉠골 ㉡골짜기 ㉢마을	洞	洞	洞			洞長(　　) 洞察(　　)

선생님이나 부모님이 가끔씩 훈음을 물어보고 맞으면 싸인하고 칭찬해 주세요

同	老	洞	孝	命

한자	부수	뜻	쓰기					적용
空 빌공	穴 8획	㉠비다 ㉡없다 ㉢헛되다	空	空	空			空氣(　　) 空間(　　)
所 바/곳소	戶 8획	㉠바 ㉡곳 ㉢것	所	所	所			住所(　　) 場所(　　)
花 꽃화 花	艹 8획	㉠꽃 ㉡꽃이 피다	花 花	花 花	花 花			花草(　　) 花盆(　　)
草 풀초 草	艹 10획	㉠풀 ㉡거친 풀	草 草	草 草	草 草			草木(　　) 花草(　　)
林 수풀림	木 8획	㉠수풀 ㉡숲	林	林	林			山林(　　) 密林(　　)

선생님이나 부모님이 가끔씩 훈음을 물어보고 맞으면 싸인하고 칭찬해 주세요

花	草	空	林	所

한자	부수	뜻	쓰기					적용
安 편안할안	宀 6획	㉠편안 ㉡편안하다 ㉢탈이 없다	安	安	安			安全(　　) 便安(　　)
姓 성씨성	女 8획	㉠성 ㉡성씨 ㉢백성	姓	姓	姓			姓名(　　) 百姓(　　)
氣 기운기 気	气 10획	㉠기운 ㉡힘 ㉢기세	氣 气	氣 气	氣 气			氣體(　　) 感氣(　　)
食 밥/먹을식	食 9획	㉠밥 ㉡음식 ㉢먹다	食	食	食			食事(　　) 食堂(　　)
育 기를육	月 8획	㉠기르다 ㉡자라다 ㉢어리다	育	育	育			育兒(　　) 敎育(　　)

선생님이나 부모님이 가끔씩 훈음을 물어보고 맞으면 싸인하고 칭찬해 주세요

氣	食	姓	育	安

한자	부수	뜻	쓰기					적용
事 일 사	亅 8획	㉠일 ㉡직업	事	事	事			事件( ) 事實( )
活 살 활	氵 9획	㉠살다 ㉡태어나다 ㉢생기 있다	活	活	活			活動( ) 生活( )
祖祖 조상조	示 19획	㉠할아비 ㉡할아버지 ㉢조상	祖 祖	祖 祖	祖 祖			祖父( ) 祖母( )
登 오를등	癶 12획	㉠오르다 ㉡나가다	登	登	登			登山( ) 登校( )
男 사내남	田 7획	㉠사내 ㉡아들 ㉢남자	男	男	男			男女( ) 長男( )

선생님이나 부모님이 가끔씩 훈음을 물어보고 맞으면 싸인하고 칭찬해 주세요

登	事	男	祖	活

한자	부수	뜻	쓰기					적용
色 빛 색	色 6획	㉠빛 ㉡빛깔 ㉢얼굴빛	色	色	色			色紙(　　) 彩色(　　)
邑 고을읍	邑 7획	㉠고을 ㉡마을	邑	邑	邑			邑內(　　) 邑長(　　)
算 셈산	竹 14획	㉠셈 ㉡계산 ㉢셈하다	算	算	算			算數(　　) 計算(　　)
數 셈/셀 수 数	攵 15획	㉠셈 ㉡셈하다 ㉢헤아리다	數 / 数	數 / 数	數 / 数			數學(　　) 點數(　　)
重 무거울중	里 9획	㉠무겁다 ㉡소중하다 ㉢귀중하다	重	重	重			重要(　　) 所重(　　)

선생님이나 부모님이 가끔씩 훈음을 물어보고 맞으면 싸인하고 칭찬해 주세요

算	邑	重	色	數

한자	부수	뜻	쓰기					적용
春 봄춘	日 9획	㉠봄	春	春	春			春秋(　) 靑春(　)
夏 여름하	夂 10획	㉠여름	夏	夏	夏			夏至(　) 夏服(　)
秋 가을추	禾 9획	㉠가을 ㉡시기	秋	秋	秋			秋夕(　) 秋收(　)
冬 겨울동	冫 5획	㉠겨울 ㉡겨울을 나다	冬	冬	冬			冬至(　) 冬服(　)
便 편할편	亻 9획	㉠편하다 ㉡쉬다 ㉢똥, 오줌	便	便	便			便利(　) 便所(　)

선생님이나 부모님이 가끔씩 훈음을 물어보고 맞으면 싸인하고 칭찬해 주세요

夏	冬	便	春	秋

한자	부수	뜻	쓰기					적용
紙 종이지 紙	糸 10획	㉠종이 ㉡편지 ㉢신문	紙	紙	紙			便紙( ) 休紙( )
			纸	纸	纸			
時 때시 时	日 10획	㉠때 ㉡철, 계절	時	時	時			時間( ) 時計( )
			时	时	时			
間 사이간 间	門 12획	㉠사이 ㉡틈 ㉢동안	間	間	間			間食( ) 時間( )
			间	间	间			
問 물을문 问	口 11획	㉠묻다 ㉡방문하다	問	問	問			問題( ) 問病( )
			问	问	问			
答 대답답	竹 12획	㉠대답 ㉡해답	答	答	答			答狀( ) 對答( )

선생님이나 부모님이 가끔씩 훈음을 물어보고 맞으면 싸인하고 칭찬해 주세요

問	間	紙	答	時

한자	부수	뜻	쓰기					적용
語 말씀어 語	言 14획	㉠말씀 ㉡말 ㉢이야기	語 語 語					國語( ) 英語( )
直 곧을직 直	目 8획	㉠곧다 ㉡굳세다 ㉢바르다	直 直 直					正直( ) 直行( )
記 기록할기 記	言 10획	㉠기록하다 ㉡쓰다, ㉢적다	記 記 記					日者( ) 日記( )
農 농사농 农	辰 13획	㉠농사 ㉡농부	農 農 農					農村( ) 農事( )
然 그럴연	灬 12획	㉠그러하다 ㉡틀림없다 ㉢분명하다	然 然 然					自然( ) 當然( )

선생님이나 부모님이 가끔씩 훈음을 물어보고 맞으면 싸인하고 칭찬해 주세요

記	語	直	然	農

한자	부수	뜻	쓰기					적용
道 길도	辶 13획	㉠길 ㉡도리 ㉢이치	道	道	道			道路( ) 道場( )
植 심을식 植	木 12획	㉠심다 ㉡세우다 ㉢자라다	植 植	植 植	植 植			拭目( ) 植物( )
物 물건물	牛 8획	㉠물건 ㉡만물 ㉢사물	物	物	物			物件( ) 物體( )
動 움직일동 动	力 11획	㉠움직이다 ㉡옮기다 ㉢흔들리다	動 动	動 动	動 动			動物( ) 運動( )
場 마당장 场	土 12획	㉠마당 ㉡곳	場 场	場 场	場 场			場所( ) 市場( )

선생님이나 부모님이 가끔씩 훈음을 물어보고 맞으면 싸인하고 칭찬해 주세요

場	動	植	物	道

한자	부수	뜻	쓰기					적용
村 마을촌	木 7획	㉠마을 ㉡시골	村	村	村			農村(　) 漁村(　)
旗 기기	方 14획	㉠기 ㉡깃발	旗	旗	旗			國旗(　) 手旗(　)
歌 노래가	欠 14획	㉠노래 ㉡가곡	歌	歌	歌			歌手(　) 歌舞(　)
漢 한수한 汉	氵 14획	㉠한수 　물 이름 ㉡한나라	漢 / 汉	漢 / 汉	漢 / 汉			漢江(　) 漢字(　)
海 바다해	氵 10획	㉠바다 ㉡바닷물	海	海	海			西海(　) 海軍(　)

선생님이나 부모님이 가끔씩 훈음을 물어보고 맞으면 싸인하고 칭찬해 주세요

歌	海	村	漢	旗

한자	부수	뜻	쓰기					적용
家 집가	宀 10획	㉠집 ㉡가족 ㉢집안	家	家	家			家庭(　　) 家族(　　)
電 电 번개전	雨 13획	㉠번개 ㉡전기	電 電 电 电	電 电				電氣(　　) 電話(　　)
前 앞전	刂 9획	㉠앞 ㉡먼저 ㉢앞서다	前	前	前			前後(　　) 面前(　　)
後 后 뒤후	彳 9획	㉠뒤 ㉡뒤지다 ㉢늦다	後 後 后 后	後 后				午後(　　) 後輩(　　)
話 话 말씀화	言 13획	㉠말씀 ㉡이야기 ㉢말하다	話 話 话 话	話 话				對話(　　) 電話(　　)

선생님이나 부모님이 가끔씩 훈음을 물어보고 맞으면 싸인하고 칭찬해 주세요

電	後	話	家	前

[문제 1-32] 다음 밑줄 친 漢字語한자어의 音(음:소리)을 쓰세요.

<보기> : 漢字 → 한자

[1] 이렇게 큰 집은 生前 처음 봅니다. (   )

[2] 학생들이 校歌를 합창합니다. (   )

[3] 연못에는 아름다운 水草가 자라고 있습니다. (   )

[4] 어제는 아빠와 四物놀이를 보았습니다. (   )

[5] 그들은 민족과 國家를 지켰습니다. (   )

[6] 조금 전에 선생님한테 電話 왔었어요. (   )

[7] 건강을 위해 小食하는 사람들이 늘고 있습니다. (   )

[8] 농부들이 農土에 물을 댑니다.(   )

[9] 入學을 축하합니다. (   )

[10] 大門이 활짝 열려 있습니다. (   )

[11] 그 진지는 적의 手中에 떨어졌습니다. (   )

[12] 아침 해가 東海에 떠오릅니다.(   )

[13] 우리 동네 목욕탕은 每月 첫째 주 화요일에 쉽니다. (   )

[14] 오늘은 平時보다 일찍 학교가 끝났습니다. (   )

[15] 木花가 우리나라에 전래된 것은 고려시대입니다. (   )

[16] 순희가 白紙에 낙서를 합니다.(   )

[17] 나는 來年에 3학년이 됩니다. (   )

[18] 우리나라는 三面이 바다로 둘러싸여 (   )

[19] 우리 先祖들이 피와 땀으로 이룩한 유산. (   )

[20] 시청 앞 광장에 數萬의 군중이 모였습니다. (   )

[21] 학교에 自動車 들어오는 것을 금합니다. (   )

[22] 이 이야기는 民間에 널리 알려진 것입니다. (   )

[23] 철수는 道立 유치원에 다닙니다. (   )

[24] 엄마는 市場에 가셨습니다. (   )

[25] 부모님의 보살핌으로 便安히 지냅니다. (   )

[26] 화재로 山林 자원이 고갈되었습니다. (   )

[27] 그는 長男으로 태어났습니다. (   )

[28] 눈이 온 世上을 덮었습니다. (   )

[29] 空氣의 오염이 심각합니다. (   )

[30] 그는 地方에서 이사를 왔습니다. (   )

[31] 秋夕날 아침에 차례를 지냅니다. (   )

[32] 그는 有名 화가가 그린 그림을 샀습니다. (   )

[문제 33-52] 다음 漢字한자의 訓(훈:뜻)과 音(음:소리)을 쓰세요.

<보기> : 字 → 글자 자

[33] 冬 (   )
[34] 江 (   )
[35] 夏 (   )
[36] 夫 (   )
[37] 植 (   )
[38] 活 (   )
[39] 午 (   )
[40] 左 (   )
[41] 少 (   )
[42] 答 (   )
[43] 七 (   )

[44] 正 （   ）

[45] 千 （   ）

[46] 主 （   ）

[47] 老 （   ）

[48] 春 （   ）

[49] 口 （   ）

[50] 敎 （   ）

[51] 九 （   ）

[52] 同 （   ）

[문제 53-54] 다음 밑줄 친 단어의 漢字語한자어를 <보기>에서 골라 그 번호를 쓰세요.

　　<보기>

① 孝心 ② 住所 ③ 登記 ④ 百姓

[53] 미아를 방지하기 위해서 는 주소가 적힌 이름표를 달아 주는 것이 좋습니다.
　　　　　　　　　　　　　　（   ）

[54] 누구나 그녀의 효심에 감탄합니다.
　　　　　　　　　　　　　　（   ）

[문제 55-64] 다음 訓(훈:뜻)과 音(음:소리)에 맞는 漢字한자를 보기에서 골라 그 번호를 쓰세요.

　　<보기>

① 里 ② 洞 ③ 南 ④ 村 ⑤ 弟

⑥ 右 ⑦ 靑 ⑧ 色 ⑨ 寸 ⑩ 休

[55] 마디 촌 （   ）

[56] 푸를 청 （   ）

[57] 아우 제 （   ）

[58] 남녘 남 （   ）

[59] 마을 리 （   ）

[60] 쉴 휴 （   ）

[61] 오른 우 （   ）

[62] 마을 촌 （   ）

[63] 빛 색 （   ）

[64] 골 동 （   ）

[문제 65-66] 다음 漢字한자의 상대 또는 반대되는 漢字한자를 보기에서 골라 그 번호를 쓰세요.

<보기>

① 內 ② 西 ③ 然 ④ 女

[65] 子 ↔ （   ）　　　　　　（   ）

[66] （   ） ↔ 外　　　　　　（   ）

[문제 67-68] 다음 漢字語한자어의 뜻을 쓰세요.

[67] 人命 :

[68] 日出 :

[문제 69-70] 다음 漢字(한자)의 진하게 표시한 획은 몇 번째 쓰는지 <보기>에서 찾아 그 번호를 쓰세요.

　　<보 기>

① 첫 번째　　② 두 번째

③ 세 번째　　④ 네 번째

⑤ 다섯 번째 ⑥ 여섯 번째

⑦ 일곱 번째 ⑧ 여덟 번째

⑨ 아홉 번째 ⑩ 열 번째

⑪ 열한 번째 ⑫ 열두 번째

⑬ 열세 번째 ⑭ 열네 번째

[49] 　　（   ）

旗

[50] 　　（   ）

算

<수고하셨습니다>

[문제 1-32] 다음 밑줄 친 漢字語한자어의 音(음:소리)을 쓰세요.
　　　<보기> : 漢字 → 한자
[1] 내 조카는 <u>兄夫</u>를 완전히 닮았습니다.
　　　　　　　　　　　　　(　　)
[2] 자연환경은 <u>後世</u>에게 물려줄 인류의 재산입니다. 　　　　　　　　(　　)
[3] <u>立夏</u>부터 여름이 시작됩니다. (　　)
[4] 양친 부모 모셔다가 <u>千年</u>만년 살고 지고. 　　　　　　　　　　(　　)
[5] 그는 훌륭한 양반 <u>家門</u>에서 태어났습니다. 　　　　　　　　　　(　　)
[6] 그는 매우 광범위한 사회 <u>活動</u>을 하고 있습니다. 　　　　　　　(　　)
[7] 저는 다리가 <u>不便</u>해서 좀 앉겠습니다.
　　　　　　　　　　　　　(　　)
[8] 그는 취미로 <u>花草</u>를 기르고 있습니다.
　　　　　　　　　　　　　(　　)
[9] 새는 <u>空中</u>을 향해 날아오르기 시작하였습니다. 　　　　　　　　(　　)
[10] 아이들에게 <u>間食</u>을 골고루 나누어 줍니다. 　　　　　　　　　(　　)
[11] 우리 학교는 <u>學內</u>의 자동차 진입을 금합니다. 　　　　　　　　(　　)
[12] 조선 시대에는 <u>平民</u>은 양반에게 경어를 썼습니다. 　　　　　(　　)
[13] 이 박물관은 <u>休日</u>에만 일반 시민에게 개방 됩니다. 　　　　　(　　)
[14] 심청은 <u>孝心</u>이 지극합니다. (　　)
[15] <u>海女</u>들이 잠수할 때마다 꼬르륵하는 소리가 납니다. 　　　　　(　　)
[16] 그는 노래를 좋아하여 아이돌 <u>歌手</u>가 되었습니다. 　　　　　(　　)
[17] 길동은 아버지께 <u>下直</u>을 고하고 물러나왔습니다. 　　　　　(　　)
[18] 그는 외가가 있는 시골에서 <u>出生</u>했습니다. 　　　　　　　　(　　)
[19] 아까운 <u>靑春</u>을 어영부영 보내면 안 됩니다. 　　　　　　　(　　)
[20] 이곳은 <u>農村</u>이나 다름이 없습니다
　　　　　　　　　　　　　(　　)

[21] <u>天安</u>은 호두과자가 유명합니다.
　　　　　　　　　　　　　(　　)
[22] 이번 <u>秋夕</u>에는 고향으로 내려가지 못했습니다. 　　　　　　　(　　)
[23] 지하 <u>車道</u> 두 곳이 폐쇄돼 통행할 수 없습니다. 　　　　　(　　)
[24] 농민이 <u>土地</u>를 좋아하는 것은 당연한 것이다. 　　　　　　　(　　)
[25] 이 <u>植物</u>은 추위를 잘 견딥니다.
　　　　　　　　　　　　　(　　)
[26] 예전에는 <u>王命</u>이 절대적이었습니다.
　　　　　　　　　　　　　(　　)
[27] 그들은 <u>祖國</u>의 통일을 위해 노력하였습니다. 　　　　　　　(　　)
[28] 사람들로부터 <u>外面</u>당하고 있어 외롭습니다. 　　　　　　　(　　)
[29] 텃밭에서 기른 야채를 <u>市場</u>에 내다 팝니다. 　　　　　　　(　　)
[30] 아들을 깨워서 <u>登校</u> 준비를 시킵니다.
　　　　　　　　　　　　　(　　)
[31] 학생들이 <u>白紙</u>에다 낙서를 합니다.
　　　　　　　　　　　　　(　　)
[32] 친구에게 보낸 편지가 <u>住所</u> 불명으로 반송되었습니다. 　　　　(　　)

[문제 33-52] 다음 漢字한자의 訓(훈:뜻)과 音(음:소리)을 쓰세요.
<보기> : 字 → 글자 자
[33] 旗 (　　　　)
[34] 川 (　　　　)
[35] 算 (　　　　)
[36] 弟 (　　　　)
[37] 育 (　　　　)
[38] 洞 (　　　　)
[39] 萬 (　　　　)
[40] 工 (　　　　)
[41] 寸 (　　　　)
[42] 軍 (　　　　)
[43] 南 (　　　　)

[44] 來　（　　　　）
[45] 父　（　　　　）
[46] 東　（　　　　）
[47] 室　（　　　　）
[48] 記　（　　　　）
[49] 邑　（　　　　）
[50] 敎　（　　　　）
[51] 右　（　　　　）
[52] 色　（　　　　）

[문제 53-54] 다음 밑줄 친 단어의 漢字語한자어를 <보기>에서 골라 그 번호를 쓰세요.

　<보기>
　① 自然　② 長足　③ 男子　④ 電氣

[53] 전기가 나갔지만 밝은 달밤이라 집 안이 훤하다. 　　　　（　　　）
[54] 이 섬은 아름다운 자연을 가지고 있어서 관광객이 많이 찾는다. 　　（　　　）

[문제 55-64] 다음 訓(훈:뜻)과 音(음:소리)에 맞는 漢字한자를 보기에서 골라 그 번호를 쓰세요.

　<보기>
　① 林　② 百　③ 重　④ 午　⑤ 冬
　⑥ 姓　⑦ 時　⑧ 有　⑨ 母　⑩ 話

[55] 일백 백　（　　　）
[56] 있을 유　（　　　）
[57] 성 성　　（　　　）
[58] 무거울 중（　　　）
[59] 말씀 화　（　　　）
[60] 수풀 림　（　　　）
[61] 어미 모　（　　　）
[62] 낮 오　　（　　　）
[63] 겨울 동　（　　　）
[64] 때 시　　（　　　）

[문제 65-66] 다음 漢字한자의 상대 또는 반대되는 漢字한자를 보기에서 골라 그 번호를 쓰세요.

　<보기>
　① 問　② 少　③ 先　④ 事

[65] 老 ↔ （　）　　　　　　（　　　）
[66] （　） ↔ 答　　　　　　（　　　）

[문제 67-68] 다음 漢字語한자어의 뜻을 쓰세요.
[67] 同名 :
[68] 前年 :

[문제 69-70] 다음 漢字(한자)의 진하게 표시한 획은 몇 번째 쓰는지 <보기>에서 찾아 그 번호를 쓰세요.

　<보 기>
　① 첫 번째 ② 두 번째
　③ 세 번째 ④ 네 번째
　⑤ 다섯 번째 ⑥ 여섯 번째
　⑦ 일곱 번째 ⑧ 여덟 번째
　⑨ 아홉 번째 ⑩ 열 번째

[49] 　（　）

每

[50] 　（　）

里

<수고하셨습니다>

자기학습능력을 기르는

송한자샘

한글과 한자는 국어의 양 날개

（한국어문회편）

（6급 ）

송선생한자교실

http://songteacher.co.kr/

（ 홈페이지 학습 자료（ '예습·복습· 자기평가.）
◇네이버 검색:송선생한자교실 ◇문의전화:018-237-0337

한국어문회 6급 선정한자(150자)

1호	古	苦	光	角	交	言	各	今	目	合
2호	太	計	公	共	米	京	半	石	本	失
3호	代	才	在	反	果	式	分	音	由	油
4호	向	衣	表	行	功	作	昨	夜	永	注
5호	用	多	身	信	美	死	社	朴	和	界
6호	業	堂	章	意	高	待	李	明	利	部
7호	者	書	畫	畵	庭	童	度	使	成	省
8호	別	放	始	根	新	區	等	科	英	習
9호	形	近	例	禮	服	病	席	球	開	聞
10호	陽	速	強	弱	路	線	現	野	風	雪
11호	班	集	消	神	勇	郡	短	發	黃	番
12호	朝	綠	樹	對	銀	圖	級	定	幸	運
13호	感	戰	勝	題	頭	窓	讀	親	愛	族
14호	孫	飲	洋	理	第	急	術	醫	通	溫
15호	淸	樂	藥	園	遠	號	體	特	會	訓

6급 150자 학습후 5급 200자 학습

한자	부수	뜻	쓰기					적용
古 예고	口 5획	㉠예 ㉡예전 ㉢옛날	古	古	古			古今( ) 古物( )
苦 쓸고 苦	艹 9획	㉠쓰다 ㉡괴롭다 ㉢애쓰다	苦 苦 苦 苦 苦 苦					苦生( ) 勞苦( )
光 빛광	儿 6획	㉠빛 ㉡세월	光	光	光			光線( ) 榮光( )
角 뿔각 角	角 7획	㉠짐승의 뿔 ㉡곤충의 　촉각 ㉢모, 구석	角 角 角 角 角 角					角度( ) 直角( )
交 사귈교	亠 6획	㉠사귀다 ㉡교제하다 ㉢오고가다	交	交	交			交通( ) 交換( )

선생님이나 부모님이 가끔씩 훈음을 물어보고 맞으면 싸인하고 칭찬해 주세요

角	交	苦	古	光

한자	부수	뜻	쓰기					적용
言 말씀언	言 7획	㉠말씀 ㉡말 ㉢이야기	言	言	言			言語(　) 言論(　)
各 각각각	口 6획	㉠각각 ㉡각자 ㉢따로따로	各	各	各			各自(　) 各別(　)
今 이제금	人 4획	㉠이제 ㉡지금 ㉢오늘	今	今	今			今年(　) 只今(　)
目 눈목	目 5획	㉠눈 ㉡눈빛 ㉢시력	目	目	目			目標(　) 題目(　)
合 합할합	口 6획	㉠합하다 ㉡모으다 ㉢맞다	合	合	合			合唱(　) 混合(　)

선생님이나 부모님이 가끔씩 훈음을 물어보고 맞으면 싸인하고 칭찬해 주세요

目	各	合	言	今

한자	부수	뜻	쓰기					적용
太 클태	大 4획	㉠크다 ㉡심하다	太	太	太			太陽( ) 太平( )
計 셀계 計	言 9획	㉠세다 ㉡셈하다 ㉢계산하다	計	計	計			計算( ) 時計( )
公 공평할공	八 4획	㉠공평하다 ㉡공변되다 ㉢함께 하다	公	公	公			公平( ) 公園( )
共 함께공	八 6획	㉠한가지 ㉡함께 ㉢같이하다	共	共	共			公同( ) 公共( )
米 쌀미	米 6획	㉠쌀 ㉡미터 (meter)	米	米	米			米飮( ) 玄米( )

선생님이나 부모님이 가끔씩 훈음을 물어보고 맞으면 싸인하고 칭찬해 주세요

公	共	太	米	計

한자	부수	뜻	쓰기					적용
京 서울경	亠 8획	㉠서울 ㉡수도 ㉢언덕	京	京	京			北京( ) 上京( )
半 절반반	十 5획	㉠반 ㉡절반 ㉢가운데	半	半	半			半切( ) 半熟( )
石 돌석	石 5획	㉠돌 ㉡섬(10말 용량단위)	石	石	石			石工( ) 石油( )
本 근본본	木 5획	㉠근본 ㉡바탕 ㉢초목뿌리	本	本	本			本來( ) 基本( )
失 잃을실	大 5획	㉠잃다 ㉡달아나다 ㉢도망치다	失	失	失			失手( ) 失望( )

선생님이나 부모님이 가끔씩 훈음을 물어보고 맞으면 싸인하고 칭찬해 주세요

半	本	石	失	京

한자	부수	뜻	쓰기					적용
代 대신할대	亻 5획	㉠대신하다 ㉡대리하다 ㉢교체하다	代	代	代			代身(　　) 代表(　　)
才 재주재	才 3획	㉠재주 ㉡근본 ㉢바탕	才	才	才			才能(　　) 英才(　　)
在 있을재	土 6획	㉠있다 ㉡보다 ㉢존재하다	在	在	在			現在(　　) 存在(　　)
反 돌이킬반	又 4획	㉠돌이키다 ㉡돌아오다 ㉢뒤집다	反	反	反			反對(　　) 反省(　　)
果 과실과	木 8획	㉠실과 ㉡과실 ㉢열매	果	果	果			果實(　　) 結果(　　)

선생님이나 부모님이 가끔씩 훈음을 물어보고 맞으면 싸인하고 칭찬해 주세요

反	才	果	代	在

한자	부수	뜻	쓰기					적용
式 법식	弋 6획	㉠법 ㉡제도 ㉢의식	式	式	式			式順(　) 方式(　)
分 나눌분	刀 4획	㉠나누다 ㉡구별하다	分	分	分			分數(　) 分別(　)
音 소리음	音 9획	㉠소리 ㉡말 ㉢음악	音	音	音			音樂(　) 發音(　)
由 말미암을유	田 5획	㉠말미암다 ㉡좇다 ㉢복종하다	由	由	由			由來(　) 理由(　)
油 기름유	氵 8획	㉠기름 ㉡광택 ㉢페인트	油	油	油			豆油(　) 石油(　)

선생님이나 부모님이 가끔씩 훈음을 물어보고 맞으면 싸인하고 칭찬해 주세요

音	由	分	油	式

한자	부수	뜻	쓰기					적용
向 향할향	口 6획	㉠향하다 ㉡나아가다 ㉢바라보다	向	向	向			向上(　　) 方向(　　)
衣 옷의	衣 6획	㉠옷 ㉡웃옷 ㉢옷자락	衣	衣	衣			衣服(　　) 衣食(　　)
表 겉표	衣 8획	㉠겉 ㉡웃옷 ㉢나타내다	表	表	表			表紙(　　) 發表(　　)
行 다닐행	行 6획	㉠다니다 ㉡가다 ㉢행하다	行	行	行			行動(　　) 通行(　　)
功 공공	力 5획	㉠공 ㉡공로 ㉢일	功	功	功			功勞(　　) 成功(　　)

선생님이나 부모님이 가끔씩 훈음을 물어보고 맞으면 싸인하고 칭찬해 주세요

表	行	向	功	衣

한자	부수	뜻	쓰기					적용
作 지을작	亻 7획	㉠짓다 ㉡만들다 ㉢창작하다	作	作	作			作品( ) 動作( )
昨 어제작	日 9획	㉠어제 ㉡과거 ㉢옛날	昨	昨	昨			昨日( ) 昨年( )
夜 밤야	夕 8획	㉠밤 ㉡저녁 무렵 ㉢깊은 밤	夜	夜	夜			夜間( ) 晝夜( )
永 길영	水 5획	㉠길다 ㉡오래다 ㉢영원하다	永	永	永			永久( ) 永遠( )
注 부을주	氵 8획	㉠물대다 ㉡물붓다 ㉢풀이하다	注	注	注			注意( ) 注射( )

선생님이나 부모님이 가끔씩 훈음을 물어보고 맞으면 싸인하고 칭찬해 주세요

昨	永	作	注	夜

한자	부수	뜻	쓰기					적용
用 쓸용	用 5획	㉠쓰다 ㉡부리다 ㉢사용하다	用	用	用			利用( ) 使用( )
多 많을다	夕 6획	㉠많다 ㉡더 좋다 ㉢많게 하다	多	多	多			多少( ) 多讀( )
身 몸신	身 7획	㉠몸 ㉡신체	身	身	身			身分( ) 身體( )
信 믿을신	亻 9획	㉠믿다 ㉡신임하다 ㉢맡기다	信	信	信			信仰( ) 信用( )
美 아름다울미	羊 9획	㉠아름답다 ㉡맛나다 ㉢맛이 좋다	美	美	美			美人( ) 美術( )

선생님이나 부모님이 가끔씩 훈음을 물어보고 맞으면 싸인하고 칭찬해 주세요

美	信	多	用	身

학습한 날 :　　확인 :

한자	부수	뜻	쓰기					적용
死 죽을사	歹 6획	㉠죽다 ㉡죽이다 ㉢목숨 걸다	死	死	死			死亡(　　) 生死(　　)
社 모일사 社	示 8획	㉠모이다 ㉡제사 　지내다	社	社	社			社會(　　) 社長(　　)
			社	社	社			
朴 순박할박	木 6획	㉠성의 하나 ㉡후박나무 ㉢나무껍질	朴	朴	朴			朴氏(　　) 素朴(　　)
和 화목할화	口 8획	㉠화하다 ㉡화목하다 ㉢온화하다	和	和	和			和睦(　　) 平和(　　)
界 지경계	田 9획	㉠지경 ㉡경계 ㉢둘레	界	界	界			境界(　　) 世界(　　)

선생님이나 부모님이 가끔씩 훈음을 물어보고 맞으면 싸인하고 칭찬해 주세요

社	界	朴	死	和

한자	부수	뜻	쓰기					적용
業 일업 业	木 13획	㉠업, 일 ㉡직업 ㉢학업	業	業	業			工業（　　）
			业	业	业			開業（　　）
堂 집당	土 11획	㉠집 ㉡사랑채 ㉢마루	堂	堂	堂			食堂（　　）
								講堂（　　）
章 글장	立 （　） 11획	㉠글 ㉡문장 ㉢악곡의 절	章	章	章			文章（　　）
								圖章（　　）
意 뜻의	心 13획	㉠뜻 ㉡의미 ㉢생각	意	意	意			意味（　　）
								意見（　　）
高 높을고	高 10획	㉠높다 ㉡뛰어나다 ㉢크다	高	高	高			高級（　　）
								最高（　　）

선생님이나 부모님이 가끔씩 훈음을 물어보고 맞으면 싸인하고 칭찬해 주세요

堂	高	意	業	章

한자	부수	뜻	쓰기					적용
待 기다릴대	彳 9획	㉠기다리다 ㉡대비하다 ㉢모시다	待	待	待			待機(　　) 期待(　　)
李 오얏리	木 7획	㉠오얏(자두) ㉡오얏나무 ㉢자두나무	李	李	李			李氏(　　) 李花(　　)
明 밝을명	日 8획	㉠밝다 ㉡밝히다 ㉢날이 새다	明	明	明			明朗(　　) 說明(　　)
利 이로울리	刂 7획	㉠이롭다 ㉡이익 ㉢편리하다	利	利	利			利益(　　) 便利(　　)
部 거느릴부	阝 11획	㉠떼 ㉡부락 ㉢거느리다	部	部	部			部分(　　) 部下(　　)

선생님이나 부모님이 가끔씩 훈음을 물어보고 맞으면 싸인하고 칭찬해 주세요

李	利	待	部	明

한자	부수	뜻	쓰기					적용
者 者 놈/사람자	少 9획	㉠놈 ㉡사람 ㉢것	者	者	者			患者(　　) 記者(　　)
書 书 글서	日 10획	㉠글 ㉡글씨 ㉢글자	書	書	書			書店(　　) 讀書(　　)
晝 昼 낮주	日 11획	㉠낮 ㉡정오	晝	晝	晝			晝夜(　　) 晝間(　　)
畵 画 그림화	田 13획	㉠그림 ㉡긋다 ㉢그리다	畵	畵	畵			畵家(　　) 畵順(　　)
庭 뜰정	广 10획	㉠뜰 ㉡집안 ㉢조정	庭	庭	庭			庭園(　　) 家庭(　　)

선생님이나 부모님이 가끔씩 훈음을 물어보고 맞으면 싸인하고 칭찬해 주세요

書	畵	者	晝	庭

한자	부수	뜻	쓰기					적용
童 아이동	立 12획	㉠아이 ㉡어린 양 ㉢눈동자	童	童	童			童話(　　) 童詩(　　)
度 법도도	广 9획	㉠법도 ㉡법제 ㉢자, 도구	度	度	度			用度(　　) 溫度(　　)
使 부릴사	亻 8획	㉠하여금 ㉡부리다 ㉢시키다	使	使	使			使命(　　) 使用(　　)
成 이룰성	戈 7획	㉠이루다 ㉡이루어지다 ㉢갖추어지다	成	成	成			成功(　　) 贊成(　　)
省 살필성	目 9획	㉠살피다 ㉡깨닫다 ㉢덜다	省	省	省			省墓(　　) 省略(　　)

선생님이나 부모님이 가끔씩 훈음을 물어보고 맞으면 싸인하고 칭찬해 주세요

省	童	成	度	使

한자	부수	뜻	쓰기					적용
別 나눌별	刂 7획	㉠나누다 ㉡다르다 ㉢헤어지다	別	別	別			別名(　　) 特別(　　)
放 놓을방	攵 8획	㉠놓다 ㉡내쫓다 ㉢내놓다	放	放	放			放學(　　) 開放(　　)
始 처음시	女 8획	㉠비로소 ㉡바야흐로 ㉢앞서서	始	始	始			始作(　　) 原始(　　)
根 뿌리근	木 10획	㉠뿌리 ㉡근본 ㉢밑동	根	根	根			根據(　　) 草根(　　)
新 새로울신	斤 13획	㉠새 ㉡새로운 ㉢새롭다	新	新	新			新聞(　　) 新婦(　　)

선생님이나 부모님이 가끔씩 훈음을 물어보고 맞으면 싸인하고 칭찬해 주세요

根	新	放	別	始

한자	부수	뜻	쓰기					적용
區 区 나눌구	匚 11획	㉠구분하다 ㉡나누다	區	區	區			區別( ) 區域( )
			区	区	区			
等 무리등	竹 12획	㉠무리 ㉡등급	等	等	等			等級( ) 平等( )
科 과목과	禾 9획	㉠과목 ㉡과정	科	科	科			科學( ) 齒科( )
英 英 꽃부리영	艹 9획	㉠꽃부리 ㉡꽃잎전체 ㉢명예	英	英	英			英才( ) 英雄( )
			英	英	英			
習 习 익힐습	行 11획	㉠익히다 ㉡연습하다 ㉢익숙하다	習	習	習			學習( ) 練習( )
			习	习	习			

선생님이나 부모님이 가끔씩 훈음을 물어보고 맞으면 싸인하고 칭찬해 주세요

科	英	區	習	等

한자	부수	뜻	쓰기					적용
形 모양형	彡 7획	㉠모양 ㉡꼴 ㉢형상	形	形	形			人形(　)
								形便(　)
近 가까울근	辶 8획	㉠가깝다 ㉡비슷하 다	近	近	近			近處(　)
								近視(　)
例 법식례	亻 8획	㉠법식 ㉡규칙 ㉢본보기	例	例	例			例文(　)
								事例(　)
禮 예도례 礼	示 18획	㉠예도 ㉡예절 ㉢인사	禮	禮	禮			禮節(　)
								禮式(　)
			礼	礼	礼			
服 옷복	月 8획	㉠옷 ㉡의복 ㉢일	服	服	服			韓服(　)
								洋服(　)

선생님이나 부모님이 가끔씩 훈음을 물어보고 맞으면 싸인하고 칭찬해 주세요

禮	形	服	近	例

한자	부수	뜻	쓰기					적용	
病 병병	疒 10획	ㄱ병 ㄴ질병 ㄷ근심	病	病	病			病院( )	
								問病( )	
席 자리석	巾 10획	ㄱ자리 ㄴ앉을 자리 ㄷ돗자리	席	席	席			缺席( )	
								座席( )	
球 공구	王 11획	ㄱ공 ㄴ둥글다 ㄷ옥	球	球	球			地球( )	
								排球( )	
開开 열개	門 12획	ㄱ열다 ㄴ열리다 ㄷ펴다	開	開	開			開放( )	
								開業( )	
			开	开	开				
聞闻 들을문	耳 14획	ㄱ듣다 ㄴ들리다 ㄷ들려주다	聞	聞	聞			新聞( )	
								所聞( )	
			闻	闻	闻				

선생님이나 부모님이 가끔씩 훈음을 물어보고 맞으면 싸인하고 칭찬해 주세요

球	聞	病	開	席

한자	부수	뜻	쓰기					적용
陽 볕양 阳	阝 12획	㉠볕 ㉡양지 ㉢태양	陽	陽	陽			陽傘(　　) 太陽(　　)
速 빠를속	辶 11획	㉠빠르다 ㉡빨리 하다 ㉢이루다	速	速	速			速度(　　) 過速(　　)
强 강할강	弓 12획	㉠강하다 ㉡굳세다 ㉢힘세다	强	强	强			强力(　　) 强調(　　)
弱 약할약	弓 10획	㉠약하다 ㉡약해지다	弱	弱	弱			弱者(　　) 强弱(　　)
路 길로	昆 13획	㉠길 ㉡도로 ㉢도리	路	路	路			路面(　　) 道路(　　)

선생님이나 부모님이 가끔씩 훈음을 물어보고 맞으면 싸인하고 칭찬해 주세요

| | | | | | | | | | | | | |

强	弱	速	路	陽

한자	부수	뜻	쓰기					적용
線 줄선 线	糸 15획	㉠줄 ㉡선 ㉢실	線	線	線			線分( )
			线	线	线			直線( )
現 나타날현 現	王 11획	㉠나타나다 ㉡보이다 ㉢지금	現	現	現			現在( )
			現	現	現			表現( )
野 들야	里 11획	㉠들 ㉡들판 ㉢마을	野	野	野			野外( )
								平野( )
風 바람풍 凩	風 9획	㉠바람 ㉡풍습 ㉢경치	風	風	風			風向( )
			凩	凩	凩			風船( )
雪 눈설	雨 11획	㉠눈 ㉡흰색 ㉢희다	雪	雪	雪			雪景( )
								雪糖( )

선생님이나 부모님이 가끔씩 훈음을 물어보고 맞으면 싸인하고 칭찬해 주세요

雪	線	野	現	風

한자	부수	뜻	쓰기					적용
班 나눌반	王 10획	㉠나누다 ㉡이별하다	班	班	班			班長(　　) 兩班(　　)
集 모일집	隹 12획	㉠모이다 ㉡모으다 ㉢이르다	集	集	集			集合(　　) 募集(　　)
消 사라질소	氵 10획	㉠사라지다 ㉡삭이다 ㉢없애다	消	消	消			消化(　　) 消費(　　)
神 神 귀신신	示 10획	㉠귀신 ㉡신령 ㉢정신	神 神	神 神	神 神			神話(　　) 精神(　　)
勇 勇 날랠용	力 9획	㉠날쌔다 ㉡과감하다 ㉢용맹하다	勇 勇	勇 勇	勇 勇			勇氣(　　) 勇敢(　　)

선생님이나 부모님이 가끔씩 훈음을 물어보고 맞으면 싸인하고 칭찬해 주세요

消	神	班	勇	集

한자	부수	뜻	쓰기					적용
郡 고을군	阝 10획	㉠고을 ㉡관청 ㉢행정 구역	郡	郡	郡			郡民(　)
								郡內(　)
短 짧을단	矢 12획	㉠짧다 ㉡(키가) 작다	短	短	短			長短(　)
								短點(　)
發 필발 发	癶 12획	㉠피다 ㉡쏘다 ㉢일어나다	發	發	發			發表(　)
								出發(　)
			发	发	发			
黃 누를황 黄	黃 12획	㉠누렇다 ㉡노래지다	黃	黃	黃			黃金(　)
								黃砂(　)
			黃	黃	黃			
番 차례번	田 12획	㉠차례 ㉡번 ㉢횟수	番	番	番			番號(　)
								順番(　)

선생님이나 부모님이 가끔씩 훈음을 물어보고 맞으면 싸인하고 칭찬해 주세요

短	番	黃	郡	發

한자	부수	뜻	쓰기					적용	
朝 아침조	月 12획	㉠아침 ㉡조정	朝	朝	朝			朝夕( )	
								朝會( )	
綠 绿 푸를록	糸 14획	㉠푸르다 ㉡초록빛	綠	綠	綠			綠色( )	
			绿	绿	绿			綠豆( )	
樹 树 나무수	木 16획	㉠나무 ㉡심다 ㉢세우다	樹	樹	樹			樹木( )	
			树	树	树			果樹( )	
對 对 대답할대	寸 14획	㉠대하다 ㉡마주하다 ㉢대답하다	對	對	對			對答( )	
			对	对	对			對話( )	
銀 银 은은	金 14획	㉠은 ㉡은빛 ㉢돈	銀	銀	銀			銀行( )	
			銀	銀	銀			金銀( )	

선생님이나 부모님이 가끔씩 훈음을 물어보고 맞으면 싸인하고 칭찬해 주세요

對	朝	銀	綠	樹

한자	부수	뜻	쓰기					적용
圖 그림도 图	口 14획	㉠그림 ㉡도장 ㉢서적	圖	圖	圖			圖章(　　) 地圖(　　)
級 등급급 级	糸 10획	㉠등급 ㉡차례 ㉢층계	級	級	級			級數(　　) 特級(　　)
定 정할정	宀 8획	㉠정하다 ㉡결정하다 ㉢바로잡다	定	定	定			定員(　　) 安定(　　)
幸 다행행	干 8획	㉠다행 ㉡다행하다 ㉢좋은 운	幸	幸	幸			幸福(　　) 幸運(　　)
運 움직일운 运	辶 13획	㉠옮기다 ㉡움직이다 ㉢운전하다	運	運	運			運轉(　　) 運動(　　)

선생님이나 부모님이 가끔씩 훈음을 물어보고 맞으면 싸인하고 칭찬해 주세요

定	圖	運	級	幸

학습한 날 :　　확인 :

한자	부수	뜻	쓰기					적용
感 느낄감	心 13획	㉠느끼다 ㉡감흥하다 ㉢감동하다	感	感	感			感氣(　　) 感動(　　)
戰 싸움전 战	戈 16획	㉠싸움 ㉡전쟁 ㉢겨루다	戰 战	戰 战	戰 战			戰爭(　　) 休戰(　　)
勝 이길승 胜	力 12획	㉠이기다 ㉡뛰어나다 ㉢훌륭하다	勝 胜	勝 胜	勝 胜			勝負(　　) 勝利(　　)
題 제목제 題	頁 18획	㉠제목 ㉡이마 ㉢글, 평론	題 題	題 題	題 題			題目(　　) 問題(　　)
頭 머리두 头	頁 16획	㉠머리 ㉡꼭대기 ㉢우두머리	頭 头	頭 头	頭 头			頭痛(　　) 頭目(　　)

선생님이나 부모님이 가끔씩 훈음을 물어보고 맞으면 싸인하고 칭찬해 주세요

勝	頭	戰	感	題

한자	부수	뜻	쓰기					적용
窓 창창 窻	穴 11획	㉠창 ㉡창문 ㉢굴뚝	窓	窓	窓			窓門(　　) 同窓(　　)
讀 읽을독 读	言 22획	㉠읽다 ㉡이해하다	讀	讀	讀			讀書(　　) 讀者(　　)
親 친할친 亲	見 16획	㉠친하다 ㉡가깝다 ㉢사랑하다	親	親	親			親舊(　　) 親戚(　　)
愛 사랑애 愛	心 13획	㉠사랑 ㉡자애 ㉢인정	愛	愛	愛			愛人(　　) 愛國(　　)
族 겨레족	方 11획	㉠겨레 ㉡친족 ㉢무리	族	族	族			家族(　　) 民族(　　)

선생님이나 부모님이 가끔씩 훈음을 물어보고 맞으면 싸인하고 칭찬해 주세요

愛	窓	族	讀	親

한자	부수	뜻	쓰기					적용
孫孙 손자손	子 10획	㉠손자 ㉡자손 ㉢겸손하다	孫	孫	孫			孫子(　　)
			孙	孙	孙			後孫(　　)
飮饮 마실음	食 13획	㉠마시다 ㉡물먹다 ㉢음료	飮	飮	飮			飮食(　　)
			饮	饮	饮			飮料(　　)
洋 큰바다양	氵 9획	㉠큰바다 ㉡서양 ㉢거센 파도	洋	洋	洋			洋襪(　　)
								海洋(　　)
理 다스릴리	王 11획	㉠다스리다 ㉡깁다 ㉢수선하다	理	理	理			理由(　　)
								道理(　　)
第 차례제	竹 11획	㉠차례 ㉡등급 ㉢순서	第	第	第			第一(　　)
								落第(　　)

선생님이나 부모님이 가끔씩 훈음을 물어보고 맞으면 싸인하고 칭찬해 주세요

洋	第	孫	理	飮

한자	부수	뜻	쓰기				적용
急 급할급	心 9획	㉠급하다 ㉡재촉하다 ㉢중요하다	急	急	急		急行(　　) 應急(　　)
術 재주술 术	行 11획	㉠재주 ㉡방법 ㉢계략	術 术	術 术	術 术		手術(　　) 美術(　　)
醫 의원의 医	酉 18획	㉠의원 ㉡병고치다 ㉢구하다	醫 医	醫 医	醫 医		醫院(　　) 醫術(　　)
通 통할통	辶 11획	㉠통하다 ㉡왕래하다 ㉢알리다	通	通	通		通話(　　) 交通(　　)
溫 따뜻할온 温	氵 13획	㉠따뜻하다 ㉡데우다	溫 温	溫 温	溫 温		溫度(　　) 體溫(　　)

선생님이나 부모님이 가끔씩 훈음을 물어보고 맞으면 싸인하고 칭찬해 주세요

溫	醫	術	急	通

한자	부수	뜻	쓰기					적용
清 맑을청 清	氵 11획	㉠맑다 ㉡깨끗하다 ㉢선명하다	清	清	清			清掃(　　) 清算(　　)
樂 즐거울락 乐	木 15획	㉠노래 ㉡즐기다 ㉢좋아하다	樂	樂	樂			音樂(　　) 娛樂(　　)
藥 약약 药	艹 19획	㉠약 ㉡약초 ㉢고치다	藥	藥	藥			藥局(　　) 藥師(　　)
園 동산원 园	囗 13획	㉠동산 ㉡과수원 ㉢울타리	園	園	園			公園(　　) 庭園(　　)
遠 멀원 远	辶 14획	㉠멀다 ㉡거리가 멀다	遠	遠	遠			遠近(　　) 遠洋(　　)

선생님이나 부모님이 가끔씩 훈음을 물어보고 맞으면 싸인하고 칭찬해 주세요

遠	藥	清	樂	園

한자	부수	뜻	쓰기					적용
號 이름호 号	虍 13획	㉠이름 ㉡부르짖다 ㉢부호	號	號	號			號令( ) 番號( )
			号	号	号			
體 몸체 体	骨 23획	㉠몸 ㉡사지 ㉢신체	體	體	體			身體( ) 體育( )
			体	体	体			
特 특별할특	牛 10획	㉠특별하다 ㉡뛰어나다 ㉢달리하다	特	特	特			特技( ) 特別( )
會 모일회 会	日 13획	㉠모이다 ㉡모으다 ㉢만나다	會	會	會			會社( ) 會談( )
			会	会	会			
訓 가르칠훈 训	言 10획	㉠가르치다 ㉡타이르다 ㉢인도하다	訓	訓	訓			訓長( ) 家訓( )
			训	训	训			

선생님이나 부모님이 가끔씩 훈음을 물어보고 맞으면 싸인하고 칭찬해 주세요

特	訓	體	號	會

[問 1-33] 다음 밑줄 친 漢字語의 讀音을 쓰세요.

　　<보기> : 漢字 → 한자

[1] 그는 전학을 오자마자 성적에서 단연 頭角을 나타냈다. (　　　　)

[2] 그 퀴즈왕은 新聞에서 많은 지식을 얻는다고 말했다. (　　　　)

[3] 올해는 우리 팀이 본선에서 勝利할 가망성이 높다. (　　　　)

[4] 정약용은 조선의 실학을 集大成한 학자였다. (　　　　)

[5] 시간이 많지 않아 이제부터는 회의를 速行하겠습니다. (　　　　)

[6] 성공한 자는 晝夜로 일에 최선을 다하는 법이다. (　　　　)

[7] 나는 새로 나온 거품비누를 愛用하고 있다. (　　　　)

[8] 작가는 감정 表出을 조절할 줄 알아야 한다. (　　　　)

[9] 運數가 트여야 성공한다. (　　　　)

[10] 車窓 밖으로 가을 풍경이 멋있게 펼쳐지고 있었다. (　　　　)

[11] 그는 공부뿐만 아니라 書畫에도 능했다. (　　　　)

[12] 사물놀이패가 神明 나게 한 판 놀고 갔다. (　　　　)

[13] 不在者 투표는 선거 전에 마쳐야 한다. (　　　　)

[14] 교장 선생님은 성품이 溫和하시다. (　　　　)

[15] 우리 先親께서는 늘 '도전하라'고 말씀해 주시곤 했습니다. (　　　　)

[16] 가정 形便이 넉넉하지 못해도 꿋꿋이 살아가려 합니다. (　　　　)

[17] 말만 듣고는 그의 意向이 무엇인지 알 수가 없었다. (　　　　)

[18] 외국 생활에 빨리 적응하려면 현지 風習을 잘 알아야 한다. (　　　　)

[19] '푸른 숲 가꾸기' 운동에 대통령이 직접 참여하여 植樹했다. (　　　　)

[20] 화재로 消失된 국보급 목조 건축이 수없이 많다. (　　　　)

[21] 일이 끝나고 社交의 시간을 갖겠습니다. (　　　　)

[22] 타향에서 夕陽을 바라보며 눈물 짓노라. (　　　　)

[23] 病席에 누워있는 친구에게 희망의 편지를 써 보내자. (　　　　)

[24] 요즘 우리는 선과 악, 진실과 거짓 등이 잘 區別되지 않는 혼돈의 시대를 살고 있다. (　　　　)

[25] 자, 이분을 注目해 주십시오. (　　　　)

[26] 우리 집 庭園에 꽃이 활짝 피었다. (　　　　)

[27] 모든 걸 보여주려고 하지 말고 자신의 特色을 드러내 봐. (　　　　)

[28] 국가를 위한 일이라 다들 使命감을 가지고 일했다. (　　　　)

[29] 그의 모습은 기대와는 달리 全然 딴판이었다. (　　　　)

[30] 하늘도 아들의 지극한 간병에 感動했는지 어머니는 마침내 암을 이겨내셨다. (　　　　)

[31] 앞으로의 계획을 세우려면 昨今의 상황 분석이 필요하다. (　　　　)

[32] 구성 民族은 다르지만 하나의 언어를 사용하는 나라들도 있다. (　　　　)

[33] 국가는 힘이 <u>弱</u>한 사람들을 보호해야 할 의무가 있다.   (   )

[問 34-55] 다음 漢字의 訓과 音을 쓰세요.

<보기> : 字 → 글자 자

[34] 界 → (   )

[35] 術 → (   )

[36] 野 → (   )

[37] 理 → (   )

[38] 農 → (   )

[39] 朝 → (   )

[40] 果 → (   )

[41] 勇 → (   )

[42] 根 → (   )

[43] 洋 → (   )

[44] 幸 → (   )

[45] 放 → (   )

[46] 始 → (   )

[47] 飮 → (   )

[48] 孫 → (   )

[49] 例 → (   )

[50] 童 → (   )

[51] 醫 → (   )

[52] 堂 → (   )

[53] 強 → (   )

[54] 第 → (   )

[55] 夏 → (   )

[問 56-75] 다음 밑줄 친 漢字語를 漢字로 쓰세요.

<보기> : 한국 → 韓國

[56] 폭설로 초등학교가 <u>휴교</u>에 들어갔다.   (   )

[57] 그는 책을 마무리하고 <u>후기</u>에 감사의 말을 적었다.   (   )

[58] 그는 부모의 도움 없이 경제적으로 일찍 <u>자립</u>했다.   (   )

[59] 지하가 너무 어두워 <u>입구</u>를 찾을 수 없었다.   (   )

[60] 그는 나이가 들었어도 <u>효녀</u> 딸이 곁에 있어 행복했다.   (   )

[61] 우리나라의 발전은 <u>교육</u>의 힘 덕택이다.   (   )

[62] 횡단보도를 건너며 <u>좌우</u>를 살폈다.   (   )

[63] 그 가수는 남녀<u>노소</u>를 막론하고 인기가 있다.   (   )

[64] 그녀는 관객들의 환호를 받으며 무대에 <u>등장</u>했다.   (   )

[65] 이것이 우리 집의 <u>평면도</u>이다.(   )

[66] 그는 친구들과 <u>매일</u> 걸어서 등교한다.   (   )

[67] 선생님의 회갑연을 <u>제자</u>들이 해 드리기로 했다.   (   )

[68] <u>부모</u>님께 안부 전화를 자주 드려야겠다.   (   )

[69] 그녀를 만날 <u>심산</u>으로 학교에 갔다.   (   )

[70] 시장은 새벽부터 사람들로 <u>활기</u>가 넘친다.   (   )

[71] 나는 따뜻한 말로 <u>불안</u>해하는 그녀를 안심시켰다.   (   )

[72] 건물 안이 더워 체육 수업을 <u>실외</u>에서 했다.   (   )

뒷면 계속

[73] 내일은 <u>읍내</u>에 나가 아이 생일 선물이나 사야겠다.   (   )

[74] 편지 봉투에 <u>주소</u>와   (   )

[75] <u>성명</u>을 정확하게 쓰세요.   (   )

[問 76-78] 다음 漢字의 반대 또는 상대되는 글자를 골라 그 번호를 쓰세요.

[76] 短 : ① 太 ② 小 ③ 長 ④ 高 (   )

[77] 近 : ① 現 ② 代 ③ 遠 ④ 路 (   )

[78] 村 : ① 前 ② 京 ③ 朴 ④ 洞 (   )

[問 79-81] 다음 ( )에 알맞은 漢字를 <보기>에서 찾아 그 번호를 쓰세요.

    <보기>

  ① 石　② 公　③ 英

  ④ 業　⑤ 草　⑥ 樂

[79] ( )明正大 : 하는 일이나 행동이 사사로움이 없이 떳떳하고 바름   (   )

[80] 電光( )火 : 몹시 짧은 시간을 뜻함
                                (   )

[81] 生死苦( ) : 삶과 죽음, 괴로움과 즐거움
                                (   )

[問 82-83] 다음 漢字와 뜻이 비슷한 漢字를 골라 그 번호를 쓰세요.

[82] 體 : ① 重 ② 線 ③ 號 ④ 身 (   )

[83] 衣 : ① 服 ② 花 ③ 面 ④ 本 (   )

[問 84-85] 다음 중 소리는 같으나 뜻이 다른 漢字를 골라 그 번호를 쓰세요.

[84] 式 : ① 才 ② 食 ③ 合 ④ 銀 (   )

[85] 度 : ① 綠 ② 地 ③ 道 ④ 等 (   )

[問 86-87] 다음 漢字語의 뜻을 풀이 하세요.

[86] 黃土 :

[87] 山海 :

[問 88-90] 다음 漢字의 짙게 표시한 획은 몇 번째 쓰는 획인지 <보기>에서 찾아 그 번호를 쓰세요.

    <보기>

  ① 첫 번째　② 두 번째

  ③ 세 번째　④ 네 번째

  ⑤ 다섯 번째　⑥ 여섯 번째

  ⑦ 일곱 번째　⑧ 여덟 번째

  ⑨ 아홉 번째　⑩ 열 번째

  ⑪ 열한 번째　⑫ 열두 번째

[88] (   )

[89] (   )

[90] (   )

<끝>. - 수고하셨습니다. -

[問 1-33] 다음 밑줄 친 漢字語의 讀音을 쓰세요.

<보기> : 漢字 → 한자

[1] 사람이 사는 땅을 <u>地球</u>라 한다.(   )

[2] 사람들은 <u>平和</u>를 사랑한다.　(   )

[3] 싸움에서의 공로를 <u>戰功</u>이라고 한다.
(   )

[4] 어른이 들어오시자 모두 <u>目禮</u>를 했다.
(   )

[5] 선생님은 우리 학교 자리가 <u>明堂</u>이라고 하신다.　(   )

[6] <u>時計</u>를 보니 벌써 아홉시다.　(   )

[7] 우리 젊은이의 <u>使命</u>이 크다.　(   )

[8] 닫혔던 <u>公園</u>의 문이 열렸다.　(   )

[9] 오래 잠겼던 궁궐이 <u>開放</u>되었다.
(   )

[10] <u>夜間</u>에는 낮보다 덜 덥다.　(   )

[11] 어머니께서 <u>米飮</u>을 끓여 주셨다.
(   )

[12] 단원들이 "<u>集合</u>" 하는 소리에 모두 뛰어갔다.　(   )

[13] 그 학생은 시골에서 <u>上京</u>하였다.
(   )

[14] <u>白晝</u>에는 따가운 햇볕을 피하는 것이 좋다.　(   )

[15] 아버님이 우리 집 <u>家長</u>이시다.(   )

[16] 그 마을은 우리 <u>學區</u>가 아니다.(   )

[17] <u>夏服</u>이 시원해 보인다.　(   )

[18] 군인들이 <u>行軍</u>한다.　(   )

[19] 듣기에는 싫으나 유익한 말을 <u>苦言</u>이라 한다.　(   )

[20] 세상에는 여러 <u>民族</u>이 있다.　(   )

[21] 그는 <u>特出</u>한 사람이다.　(   )

[22] 올해 <u>農事</u>는 풍년이다.　(   )

[23] 이곳이 산청과 하동의 <u>郡界</u>다.(   )

[24] 도덕을 지키는 것이 사람의 <u>根本</u>이다.
(   )

[25] <u>通路</u>를 막아서면 안 된다.　(   )

[26] 그는 유명한 <u>畫工</u>이다.　(   )

[27] 5월의 <u>新綠</u>은 참으로 아름답다.
(   )

[28] 겨울철에는 <u>感氣</u>가 무섭다.　(   )

[29] 그의 반대는 <u>強度</u>가 높다.　(   )

[30] 사람은 <u>衣食</u>이 중요하다.　(   )

[31] 예술은 <u>永遠</u>하다고 한다.　(   )

[32] 그 집은 우리 어머니 <u>親庭</u>이다.(   )

[33] <u>金銀</u>보다 사람이 더 귀하다.　(   )

[問 34-55] 다음 漢字의 訓과 音을 쓰세요.

<보기> : 國 → 나라 국

[34] 洞→ (　　　　　)

[35] 李→ (　　　　　)

[36] 美→ (　　　　　)

뒷면 계속

[37] 病 → (   )

[38] 石 → (   )

[39] 陽 → (   )

[40] 洋 → (   )

[41] 野 → (   )

[42] 多 → (   )

[43] 番 → (   )

[44] 花 → (   )

[45] 英 → (   )

[46] 川 → (   )

[47] 席 → (   )

[48] 直 → (   )

[49] 樹 → (   )

[50] 近 → (   )

[51] 窓 → (   )

[52] 注 → (   )

[53] 由 → (   )

[54] 消 → (   )

[55] 黃 → (   )

[問 56-75] 다음 밑줄 친 漢字語의 漢字를 쓰세요.

<보기> : 국어 → 國語

[56] 그 길이 등교할 때 가까운 길이다.
(   )

[57] 저 어른이 우리 조부님이시다.
(   )

[58] 공중에 큰 달이 떴다. (   )

[59] 시골 인구가 날로 줄고 있다.
(   )

[60] 학교 동남쪽으로 오두막이 있다.
(   )

[61] 그의 활동은 눈부시다. (   )

[62] 가뭄 끝의 단비로 만물이 되살아났다.
(   )

[63] 여름에는 오후가 더 덥다.
(   )

[64] 음력 8월 15일이 추석이다.
(   )

[65] 지진 뒤에는 해수가 넘치기 쉽다.
(   )

[66] 효도는 사람의 근본이다. (   )

[67] 저 선생님은 훌륭한 교육자이시다.
(   )

[68] 저 형제의 우애를 모두 본받아야 한다.
(   )

[69] 철수는 강북에 산다. (   )

[70] 시장에서 싱싱한 채소를 샀다.
(   )

[71] 나는 입장식 때 기수를 맡았다.
(   )

[72] 식목일에 우리는 나무를 심는다.
(   )

[73] 그 마을은 인구 20명의 소촌이다.
(   )

[74] 대문밖에 손님이 계시다. (   )

[75] 그분과 나는 동성으로 김씨이다.
(   )

[問 76-78] 다음 漢字의 반대 또는 상대되는 글자를 골라 그 번호를 쓰세요.

[76] 古 : ①邑 ②樂 ③今 ④外 (   )

[77] 老 : ①級 ②孫 ③少 ④面 (   )

[78] 生 : ①便 ②前 ③半 ④死 (   )

[問 79-81] 다음 ( )에 알맞은 漢字를 <보기>에서 찾아 그 번호를 쓰세요.

   <보기>

  ① 春 ② 角 ③ 向 ④ 多

  ⑤ 山 ⑥ 三 ⑦ 計 ⑧ 別

[79] 男女有( ) : 남자와 여자 사이에 분별이 있어야 함.   ( )

[80] 作心( )日 : 한번 결심한 것이 사흘을 가지 못함.   ( )

[81] 二八靑( ) : 16세 무렵의 꽃다운 청춘   ( )

[問 82-83] 다음 漢字와 뜻이 비슷한 漢字를 골라 그 번호를 쓰세요.

[82] 文 : ① 社 ② 章 ③ 等 ④ 溫 ( )

[83] 名 : ① 山 ② 號 ③ 運 ④ 書 ( )

[問 84-85] 다음 중 소리(音)는 같으나 뜻(訓)이 다른 漢字를 골라 그 번호를 쓰세요.

[84] 弱 : ① 然 ② 題 ③ 愛 ④ 藥 ( )

[85] 在 : ① 第 ② 才 ③ 住 ④ 淸 ( )

[問 86-87] 다음 뜻과 소리를 가진 단어를 漢字로 쓰세요.

<보기> : 몸무게(체중) - (體重)

[86] 웃어른에게 안부를 여쭘(문안) ( )

[87] 수를 셈함. 셈하는 법을 가르치는 학과목(산수)   ( )

[問 88-90] 다음 漢字의 짙게 표시한 획은 몇 번째 쓰는 획인지 <보기>에서 찾아 그 번호를 쓰세요.

   <보기>

① 첫 번째 ② 두 번째

③ 세 번째 ④ 네 번째

⑤ 다섯 번째 ⑥ 여섯 번째

⑦ 일곱 번째 ⑧ 여덟 번째

⑨ 아홉 번째 ⑩ 열 번째

⑪ 열한 번째 ⑫ 열두 번째

[88] ( )

[89] ( )

[90] ( )

<끝>. - 수고하셨습니다. -

자기학습능력을 기르는

송한자샘

한글과 한자는 국어의 양 날개

(한국어문회편)

(5급)

송선생한자교실

http://songteacher.co.kr/

(홈페이지 학습 자료('예습 · 복습 · 자기평가.)
◇네이버 검색:송선생한자교실 ◇문의전화:018-237-0337

한국어문회 5급 선정한자(200자)

1호	己	牛	件	告	亡	士	吉	去	止	以
2호	耳	見	末	史	再	兵	可	臣	比	加
3호	示	氷	切	仙	位	化	相	序	凶	必
4호	良	兒	充	商	卒	宅	客	宿	局	島
5호	束	仕	任	因	固	友	打	技	爭	要
6호	法	河	決	洗	初	首	元	完	院	規
7호	馬	店	曲	典	船	倍	他	具	査	奉
8호	災	炭	赤	無	熱	寫	魚	漁	鮮	勞
8호	卓	致	敗	效	改	敬	救	祝	福	品
10호	筆	節	朗	望	能	屋	展	買	賣	質
11호	費	價	貴	實	貯	責	財	材	則	到
12호	令	領	順	冷	類	善	養	着	當	賞
13호	念	思	患	惡	情	性	州	流	浴	湖
14호	汽	基	期	的	約	結	終	格	考	都
15호	擧	操	罪	害	寒	景	量	産	建	健
16호	偉	億	停	原	願	歷	廣	葉	落	舊
17호	觀	旅	傳	團	德	板	案	橋	過	選
18호	許	說	談	課	識	知	調	週	給	練
19호	鼻	雨	雲	雄	曜	歲	陸	競	輕	獨
20호	料	種	變	最	唱	關	參	壇	鐵	黑

5급 200자 학습후 준4급 250자 학습

한자	부수	뜻	쓰기					적용
己 몸기	己 3획	㉠몸 ㉡자기	己	己	己			自己( ) 利己( )
牛 소우	牛 4획	㉠소 ㉡고집 스럽다	牛	牛	牛			牛乳( ) 韓牛( )
件 사건건	亻 6획	㉠물건 ㉡사건	件	件	件			物件( ) 事件( )
告 고할고	口 7획	㉠고하다 ㉡알리다 ㉢아뢰다	告	告	告			告白( ) 告發( )
亡 망할망	亠 3획	㉠망하다 ㉡멸망하다 ㉢도망하다	亡	亡	亡			亡命( ) 死亡( )

선생님이나 부모님이 가끔씩 훈음을 물어보고 맞으면 싸인하고 칭찬해 주세요

件	亡	牛	己	告

한자	부수	뜻	쓰기					적용
士 선비사	士 3획	㉠선비 ㉡관리 ㉢벼슬아치	士	士	士			兵士(　　) 博士(　　)
吉 길할길	口 6획	㉠길하다 ㉡운이 좋다 ㉢착하다	吉	吉	吉			吉日(　　) 吉夢(　　)
去 갈거	厶 5획	㉠가다 ㉡버리다 ㉢물리치다	去	去	去			去來(　　) 過去(　　)
止 그칠지	止 4획	㉠그치다 ㉡멈추다 ㉢정지하다	止	止	止			止血(　　) 禁止(　　)
以 써이	人 5획	㉠~써 ㉡~로서 ㉢~까닭에	以	以	以			以前(　　) 以上(　　)

선생님이나 부모님이 가끔씩 훈음을 물어보고 맞으면 싸인하고 칭찬해 주세요

去	止	士	以	吉

한자	부수	뜻	쓰기					적용
耳 귀이	耳 6획	㉠귀 ㉡(귀에)익다	耳	耳	耳			耳目(　　) 耳鳴(　　)
見 볼견 见	見 7획	㉠보다 ㉡보이다 ㉢뵙다	見	見	見			見學(　　) 發見(　　)
			见	见	见			
末 끝말	木 5획	㉠끝 ㉡마지막 ㉢꼭대기	末	末	末			末期(　　) 週末(　　)
史 역사사	口 5획	㉠사기 ㉡역사	史	史	史			歷史(　　) 國史(　　)
再 두재	冂 6획	㉠두, 둘 ㉡다시 ㉢재차	再	再	再			再生(　　) 再發(　　)

선생님이나 부모님이 가끔씩 훈음을 물어보고 맞으면 싸인하고 칭찬해 주세요

末	史	耳	再	見

한자	부수	뜻	쓰기					적용	
兵 병사병	八 7획	㉠병사 ㉡군사 ㉢무기	兵	兵	兵			兵士(　)	
								步兵(　)	
臣 신하신	臣 6획	㉠신하 ㉡백성 ㉢하인	臣	臣	臣			臣下(　)	
								忠臣(　)	
可 옳을가	口 5획	㉠옳다 ㉡허락하다 ㉢들어주다	可	可	可			可決(　)	
								可能(　)	
加 더할가	力 5획	㉠더하다 ㉡가하다 ㉢들다	加	加	加			加速(　)	
								加熱(　)	
比 견줄비	比 4획	㉠견주다 ㉡비교하다	比	比	比			比較(　)	
								比率(　)	

선생님이나 부모님이 가끔씩 훈음을 물어보고 맞으면 싸인하고 칭찬해 주세요

比	兵	加	可	臣

한자	부수	뜻	쓰기					적용
示 보일시	示 5획	ㄱ보이다 ㄴ일러주다 ㄷ지시하다	示	示	示			示範( ) 展示( )
氷冰 얼음빙	水 5획	ㄱ얼음 ㄴ얼다 ㄷ식히다	氷 氷 氷 冰 冰 冰					氷水( ) 氷板( )
切 끊을절	刀 4획	ㄱ끊다 ㄴ베다 ㄷ간절히	切	切	切			切斷( ) 懇切( )
仙 신선선	亻 5획	ㄱ신선 ㄴ날 듯하다	仙	仙	仙			仙女( ) 神仙( )
位 자리위	亻 7획	ㄱ자리 ㄴ위치 ㄷ지위	位	位	位			位置( ) 方位( )

선생님이나 부모님이 가끔씩 훈음을 물어보고 맞으면 싸인하고 칭찬해 주세요

位	切	氷	示	仙

한자	부수	뜻	쓰기					적용
化 될화	匕 5획	㉠되다 ㉡변하다 ㉢변화하다	化	化	化			化粧(　　) 變化(　　)
相 서로상	目 9획	㉠서로 ㉡바탕 ㉢도움	相	相	相			相關(　　) 相逢(　　)
序 차례서	广 7획	㉠차례 ㉡순서 ㉢실마리	序	序	序			序論(　　) 秩序(　　)
凶 흉할흉	凵 4획	㉠흉하다 ㉡해치다 ㉢흉악하다	凶	凶	凶			凶年(　　) 凶惡(　　)
必 반드시필	心 5획	㉠반드시 ㉡기필코 ㉢오로지	必	必	必			必要(　　) 必勝(　　)

선생님이나 부모님이 가끔씩 훈음을 물어보고 맞으면 싸인하고 칭찬해 주세요

相	凶	化	必	序

한자	부수	뜻	쓰기					적용
良 어질량	艮 7획	㉠어질다 ㉡좋다 ㉢훌륭하다	良	良	良			良心(　　) 改良(　　)
兒 아이아 儿	儿 8획	㉠아이 ㉡아기 ㉢젖먹이	兒 儿	兒 儿	兒 儿			兒童(　　) 育兒(　　)
充 채울충	儿 6획	㉠채우다 ㉡충당하다 ㉢가득하다	充	充	充			充分(　　) 充實(　　)
商 장사상	口 11획	㉠장사 ㉡상인	商	商	商			商業(　　) 商店(　　)
卒 마칠졸	十 8획	㉠군사 ㉡하인 ㉢마치다	卒	卒	卒			卒兵(　　) 卒業(　　)

선생님이나 부모님이 가끔씩 훈음을 물어보고 맞으면 싸인하고 칭찬해 주세요

卒	充	良	兒	商

한자	부수	뜻	쓰기					적용	
宅 집 택/댁	宀 6획	㉠집, 건물 ㉡주거 ㉢택지	宅	宅	宅			宅配( )	
								住宅( )	
客 손님 객	宀 9획	㉠손, 손님 ㉡나그네 ㉢사람	客	客	客			客席( )	
								客室( )	
宿 잠잘 숙	宀 11획	㉠잠자다 ㉡숙박하다 ㉢묵다	宿	宿	宿			宿所( )	
								宿題( )	
局 판 국	尸 7획	㉠판 (장기, 바둑) ㉡마을	局	局	局			結局( )	
								藥局( )	
島 섬 도 島	山 10획	㉠섬	島	島	島			落島( )	
								獨島( )	
			島	島	島				

선생님이나 부모님이 가끔씩 훈음을 물어보고 맞으면 싸인하고 칭찬해 주세요

局	宿	客	宅	島

한자	부수	뜻	쓰기					적용
束 묶을속	木 7획	㉠묶다 ㉡동여매다	束	束	束			約束( ) 拘束( )
仕 벼슬할사	亻 5획	㉠섬기다 ㉡벼슬하다 ㉢살피다	仕	仕	仕			奉仕( ) 出仕( )
任 맡길임	亻 6획	㉠맡기다 ㉡능하다 ㉢잘하다	任	任	任			任命( ) 責任( )
因 인할인	口 ( ) 6획	㉠인하다 ㉡말미암다 ㉢의거하다	因	因	因			因緣( ) 原因( )
固 굳을고	口 8획	㉠굳다 ㉡단단하다	固	固	固			固體( ) 固執( )

선생님이나 부모님이 가끔씩 훈음을 물어보고 맞으면 싸인하고 칭찬해 주세요

任	束	固	仕	因

한자	부수	뜻	쓰기					적용
友 벗우	又 4획	㉠벗 ㉡친구 ㉢벗하다	友	友	友			友情(　) 友愛(　)
打 칠타	扌 5획	㉠치다 ㉡때리다	打	打	打			打者(　) 安打(　)
技 재주기	扌 7획	㉠재주 ㉡재능 ㉢솜씨	技	技	技			技術(　) 特技(　)
爭 다툴쟁 争	爫 8획	㉠다투다 ㉡경쟁하다	爭 争	爭 争	爭 争			戰爭(　) 競爭(　)
要 구할요	西 9획	㉠구하다 ㉡요긴하다 ㉢중요하다	要	要	要			必要(　) 重要(　)

선생님이나 부모님이 가끔씩 훈음을 물어보고 맞으면 싸인하고 칭찬해 주세요

技	要	打	友	爭

한자	부수	뜻	쓰기					적용
法 법법	氵 8획	㉠법 ㉡방법 ㉢본받다	法	法	法			法院(　　) 法律(　　)
河 물하	氵 8획	㉠물 ㉡내 ㉢하천	河	河	河			河川(　　) 氷河(　　)
決 決 결단할결	角 7획	㉠결단하다 ㉡결정하다 ㉢판단하다	決	決	決			決定(　　) 決勝(　　)
洗 씻을세	氵 9획	㉠씻다 ㉡다듬다 ㉢설욕하다	洗	洗	洗			洗面(　　) 洗濯(　　)
初 처음초	刀 7획	㉠처음 ㉡시초 ㉢시작	初	初	初			初等(　　) 初步(　　)

선생님이나 부모님이 가끔씩 훈음을 물어보고 맞으면 싸인하고 칭찬해 주세요

洗	法	初	河	決

한자	부수	뜻	쓰기					적용	
首 머리수	首 9획	㉠머리 ㉡머리털 ㉢우두머리	首	首	首			首相( )	首席( )
元 으뜸원	儿 4획	㉠으뜸 ㉡시초 ㉢우두머리	元	元	元			元首( )	元來( )
完 완전할완	宀 7획	㉠완전하다 ㉡온전하다	完	完	完			完成( )	完全( )
院 집원	阝 10획	㉠집 ㉡절 ㉢관청	院	院	院			院長( )	病院( )
規 법규 規	見 11획	㉠법 ㉡법칙	規 規 規 規 規 規					規則( )	規定( )

선생님이나 부모님이 가끔씩 훈음을 물어보고 맞으면 싸인하고 칭찬해 주세요

完	元	規	首	院

한자	부수	뜻	쓰기					적용
馬 马 말마	馬 10획	㉠말	馬	馬	馬			馬車(　)
			马	马	马			競馬(　)
店 가게점	广 8획	㉠가게 ㉡상점 ㉢여관	店	店	店			店員(　) 商店(　)
曲 굽을곡	曰 6획	㉠굽다 ㉡굽히다 ㉢가락	曲	曲	曲			曲線(　) 作曲(　)
典 법전	八 8획	㉠법 ㉡책 ㉢가르침	典	典	典			經典(　) 法典(　)
船 배선	舟 11획	㉠배 ㉡선박	船	船	船			船員(　) 漁船(　)

선생님이나 부모님이 가끔씩 훈음을 물어보고 맞으면 싸인하고 칭찬해 주세요

船		曲		馬		店		典		

한자	부수	뜻	쓰기					적용
倍 갑절배	亻 10획	㉠곱, 갑절 ㉡더욱 ㉢점점더	倍	倍	倍			倍數(　) 倍率(　)
他 다를타	亻 5획	㉠다르다 ㉡그 ㉢그 사람	他	他	他			他鄕(　) 其他(　)
具 갖출구	八 8획	㉠갖추다 ㉡구비하다	具	具	具			具備(　) 道具(　)
査 査 조사할사	木 9획	㉠조사하다 ㉡사실하다	査 査	査 査	査 査			檢査(　) 探査(　)
奉 받들봉	大 8획	㉠받들다 ㉡바치다 ㉢섬기다	奉	奉	奉			奉仕(　) 奉養(　)

선생님이나 부모님이 가끔씩 훈음을 물어보고 맞으면 싸인하고 칭찬해 주세요

具	奉	倍	他	査

한자	부수	뜻	쓰기					적용
災 재앙재 灾	火 7획	㉠재앙 ㉡화재 ㉢죄악	災	災	災			災殃(　　) 火災(　　)
			灾	灾	灾			
炭 숯탄 炭	火 9획	㉠숯 ㉡목탄 ㉢숯불 ㉣석탄	炭	炭	炭			炭鑛(　　) 石炭(　　)
			炭	炭	炭			
赤 붉을적	赤 7획	㉠붉다 ㉡빨간색 ㉢발가숭이	赤	赤	赤			赤色(　　) 赤字(　　)
無 없을무 无	灬 12획	㉠없다 ㉡아니다	無	無	無			無視(　　) 有無(　　)
			无	无	无			
熱 더울열 热	灬 15획	㉠덥다 ㉡열 덥다 ㉢태우다	熱	熱	熱			熱心(　　) 加熱(　　)
			热	热	热			

선생님이나 부모님이 가끔씩 훈음을 물어보고 맞으면 싸인하고 칭찬해 주세요

赤	災	熱	炭	無

한자	부수	뜻	쓰기					적용
寫 베낄사 写	宀 15획	㉠베끼다 ㉡본뜨다	寫	寫	寫			寫眞(　　) 複寫(　　)
魚 물고기어 鱼	魚 11획	㉠물고기 ㉡물속 동물	魚	魚	魚			養魚(　　) 人魚(　　)
漁 고기잡을어 渔	氵 14획	㉠고기 잡다 ㉡빼앗다 ㉢사냥하다	漁	漁	漁			漁業(　　) 漁夫(　　)
鮮 고울선 鲜	魚 17획	㉠곱다 ㉡빛나다 ㉢생선	鮮	鮮	鮮			鮮明(　　) 生鮮(　　)
勞 일할로 劳	力 12획	㉠일하다 ㉡힘들이다 ㉢애쓰다	勞	勞	勞			勞動(　　) 功勞(　　)

선생님이나 부모님이 가끔씩 훈음을 물어보고 맞으면 싸인하고 칭찬해 주세요

魚	勞	鮮	寫	漁

한자	부수	뜻	쓰기					적용
卓 높을탁	十 8획	㉠높다 ㉡높이 세우다	卓	卓	卓			卓子(　　) 卓球(　　)
致 이를치	夂 10획	㉠이르다, ㉡도달하다	致	致	致			致死(　　) 景致(　　)
敗 敗 패할패	攵 11획	㉠패하다 ㉡무너지다	敗	敗	敗			敗北(　　) 勝敗(　　)
效 본받을효	攵 10획	㉠본받다 ㉡배우다	效	效	效			效能(　　) 無效(　　)
改 고칠개	攵 7획	㉠고치다 ㉡바꾸다	改	改	改			改善(　　) 改良(　　)

선생님이나 부모님이 가끔씩 훈음을 물어보고 맞으면 싸인하고 칭찬해 주세요

敗	卓	改	致	效

한자	부수	뜻	쓰기					적용
敬 공경할경	宀 9획	㉠공경하다 ㉡삼가하다 ㉢정중하다	敬	敬	敬			敬老(　　) 敬禮(　　)
救 구원할구	攵 11획	㉠구원하다 ㉡건지다 ㉢돕다	救	救	救			救援(　　) 救出(　　)
祝 빌축 祝	示 10획	㉠빌다 ㉡축하하다	祝	祝	祝			祝賀(　　) 祝歌(　　)
福 복복 福	示 14획	㉠복 ㉡행복 ㉢상서롭다	福	福	福			福券(　　) 幸福(　　)
品 물건품	口 9획	㉠물건 ㉡물품 ㉢차별	品	品	品			品質(　　) 作品(　　)

선생님이나 부모님이 가끔씩 훈음을 물어보고 맞으면 싸인하고 칭찬해 주세요

祝	品	敬	救	福

한자	부수	뜻	쓰기					적용
筆 붓필 笔	竹 12획	㉠붓 ㉡글씨 ㉢필기구	筆	筆	筆			筆記(　　)
								筆筒(　　)
			笔	笔	笔			
節 마디절 节	竹 15획	㉠식물의 마디 ㉡동물의 관절	節	節	節			節約(　　)
								禮節(　　)
			节	节	节			
朗 밝을랑	月 `11획	㉠밝다 ㉡환하다	朗	朗	朗			朗讀(　　)
								明朗(　　)
望 바랄망	月 11획	㉠바라다 ㉡기대하다	望	望	望			希望(　　)
								失望(　　)
能 능할능	月 10획	㉠능하다 ㉡할수 있다 ㉢재능 있다	能	能	能			能力(　　)
								才能(　　)

선생님이나 부모님이 가끔씩 훈음을 물어보고 맞으면 싸인하고 칭찬해 주세요

朗	能	節	筆	望

한자	부수	뜻	쓰기					적용
屋 집옥	尸 9획	㉠집, 주거 ㉡덮개 ㉢지붕	屋	屋	屋			屋上(　) 韓屋(　)
展 펼전	尸 10획	㉠펴다 ㉡늘이다 ㉢나아가다	展	展	展			展示(　) 發展(　)
買 买 살매	貝 12획	㉠사다 ㉡세내다 ㉢고용하다	買 / 买	買 / 买	買 / 买			買入(　) 不買(　)
賣 卖 팔매	貝 15획	㉠팔다 ㉡속이다 ㉢배신하다	賣 / 卖	賣 / 卖	賣 / 卖			賣買(　) 賣店(　)
質 质 바탕질	貝 15획	㉠바탕 ㉡본질 ㉢품질 ㉣성질	質 / 质	質 / 质	質 / 质			質問(　) 品質(　)

선생님이나 부모님이 가끔씩 훈음을 물어보고 맞으면 싸인하고 칭찬해 주세요

展	賣	屋	質	買

한자	부수	뜻	쓰기					적용
費 費 쓸비	貝 12획	㉠쓰다 ㉡소모하다	費	費	費			費用(　) 消費(　)
價 价 값가	亻 15획	㉠값 ㉡가격 ㉢값어치	價	價	價			價格(　) 代價(　)
貴 貴 귀할귀	貝 12획	㉠귀하다 ㉡중요하다 ㉢귀중하다	貴	貴	貴			貴下(　) 貴重(　)
實 实 열매실	宀 14획	㉠열매 ㉡씨. 종자 ㉢재물	實	實	實			實驗(　) 實現(　)
貯 貯 쌓을저	貝 12획	㉠쌓다 ㉡저축하다	貯	貯	貯			貯金(　) 貯蓄(　)

선생님이나 부모님이 가끔씩 훈음을 물어보고 맞으면 싸인하고 칭찬해 주세요

貴	貯	價	費	實

한자	부수	뜻	쓰기					적용	
責 꾸짖을책	貝 11획	㉠꾸짖다 ㉡나무라다 ㉢책망하다	責	責	責			責任( ) 重責( )	
財 재물재	貝 10획	㉠재물 ㉡재산 ㉢보물	財	財	財			財産( ) 財物( )	
材 재목재	木 7획	㉠재목 ㉡원료 ㉢바탕	材	材	材			材木( ) 教材( )	
則 법칙칙	刂 9획	㉠법칙 ㉡이치 ㉢본 받다 ㉣곧	則	則	則			規則( ) 反則( )	
到 이를도	刂 8획	㉠이르다 ㉡닿다 ㉢미치다	到	到	到			到着( ) 當到( )	

선생님이나 부모님이 가끔씩 훈음을 물어보고 맞으면 싸인하고 칭찬해 주세요

材	則	責	到	財

한자	부수	뜻	쓰기					적용
令令 하여금령	人 5획	㉠하여금 ㉡가령	令	令	令			假令( ) 命令( )
冷冷 찰랭	冫 7획	㉠차다 ㉡식히다 ㉢얼다	冷	冷	冷			冷水( ) 冷凍( )
領領 옷깃령	頁 14획	㉠거느리다 ㉡다스리다	領	領	領			領海( ) 橫領( )
順順 순할순	頁 12획	㉠순하다 ㉡유순하다 ㉢따르다	順	順	順			順序( ) 溫順( )
類类 무리류	頁 19획	㉠무리 ㉡동아리	類	類	類			種類( ) 書類( )

冷	領	類	令	順

한자	부수	뜻	쓰기					적용
善 착할선	口 12획	㉠착하다 ㉡좋다	善	善	善			善惡(　　) 善行(　　)
養 기를양 养	食 15획	㉠(낳아서) 기르다 ㉡(젖을) 먹이다	養 养	養 养	養 养			養育(　　) 敎養(　　)
着 붙을착 着	目 12획	㉠붙다 ㉡(옷을) 입다	着 着	着 着	着 着			着陸(　　) 到着(　　)
當 마땅할당 当	田 13획	㉠마땅 ㉡마땅하다	當 当	當 当	當 当			當然(　　) 適當(　　)
賞 상줄상 賞	貝 15획	㉠상주다 ㉡칭찬하다	賞 賞	賞 賞	賞 賞			賞狀(　　) 賞罰(　　)

선생님이나 부모님이 가끔씩 훈음을 물어보고 맞으면 싸인하고 칭찬해 주세요

當	善	賞	養	着

한자	부수	뜻	쓰기					적용
念 생각념	心 8획	㉠생각 ㉡생각하다	念	念	念			念慮( ) 信念( )
思 생각사	心 9획	㉠생각 ㉡의사 ㉢뜻	思	思	思			思慕( ) 意思( )
患 근심환	心 11획	㉠근심 ㉡걱정 ㉢병, 질병	患	患	患			病患( ) 患者( )
惡 악할악 惡	心 12획	㉠악하다 ㉡나쁘다	惡 惡	惡 惡	惡 惡			惡夢( ) 惡寒( )
情 뜻정 情	忄 11획	㉠뜻 ㉡마음의 작용	情 情	情 情	情 情			情報( ) 表情( )

선생님이나 부모님이 가끔씩 훈음을 물어보고 맞으면 싸인하고 칭찬해 주세요

患	念	情	思	惡

한자	부수	뜻	쓰기					적용
性 성품성	小 8획	㉠성품 ㉡성질 ㉢바탕	性	性	性			性格(　) 性別(　)
州 고을주	川 6획	㉠고을 ㉡섬 ㉢마을	州	州	州			全州(　) 光州(　)
流 흐를류	氵 10획	㉠흐르다 ㉡전하다 ㉢방랑하다	流	流	流			流行(　) 交流(　)
浴 목욕할욕	氵 10획	㉠목욕하다 ㉡몸을 씻다	浴	浴	浴			浴室(　) 沐浴(　)
湖 호수호	氵 12획	㉠호수 ㉡큰 못	湖	湖	湖			湖水(　) 湖南(　)

선생님이나 부모님이 가끔씩 훈음을 물어보고 맞으면 싸인하고 칭찬해 주세요

州	流	湖	性	浴

한자	부수	뜻	쓰기					적용
汽 물끓는김기	氵 7획	㉠물 끓는 김 ㉡수증기	汽	汽	汽			汽車(　) 汽船(　)
基 터기	土 11획	㉠터 ㉡기초 ㉢근본	基	基	基			基本(　) 基礎(　)
期 기약할기	月 12획	㉠기약하다 ㉡약속하다 ㉢기다리다	期	期	期			期間(　) 時期(　)
的 과녁적	白 6획	㉠과녁 ㉡목표 ㉢확실하다	的	的	的			적중(　) 目的(　)
約 约 맺을약	糸 9획	㉠맺다 ㉡묶다 ㉢약속하다	約 約	約 約	約 約			約束(　) 節約(　)

선생님이나 부모님이 가끔씩 훈음을 물어보고 맞으면 싸인하고 칭찬해 주세요

期	汽	約	基	的

한자	부수	뜻	쓰기					적용
結 맺을결 結	角 7획	㉠맺다 ㉡모으다 ㉢묶다	結	結	結			結果( )
			結	結	結			結婚( )
終 마칠종 終	糸 11획	㉠마치다 ㉡끝내다	終	終	終			終日( )
			终	终	终			始終( )
格 격식격	力 5획	㉠격식 ㉡자리 ㉢인격	格	格	格			格式( )
								性格( )
考 생각할고	耂 6획	㉠생각하다 ㉡헤아리다 ㉢살펴보다	考	考	考			再考( )
								思考( )
都 도읍도 都	阝 12획	㉠도읍 ㉡서울 ㉢도시	都	都	都			都市( )
			都	都	都			首都( )

선생님이나 부모님이 가끔씩 훈음을 물어보고 맞으면 싸인하고 칭찬해 주세요

格	都	終	結	考

한자	부수	뜻	쓰기					적용
擧 들거 举	手 18획	㉠들다 ㉡일으키다	擧	擧	擧			擧手(　　)
			举	举	举			擧動(　　)
操 잡을조	扌 16획	㉠잡다 ㉡(손에) 쥐다	操	操	操			操心(　　)
								體操(　　)
罪 허물죄	罒 13획	㉠허물, 죄 ㉡잘못 ㉢과실	罪	罪	罪			罪惡(　　)
								犯罪(　　)
害 해칠해 害	宀 10획	㉠해하다 ㉡해롭다	害	害	害			妨害(　　)
			害	害	害			公害(　　)
寒 찰한	宀 12획	㉠차다 ㉡춥다 ㉢떨다	寒	寒	寒			寒帶(　　)
								寒心(　　)

선생님이나 부모님이 가끔씩 훈음을 물어보고 맞으면 싸인하고 칭찬해 주세요

害	擧	操	寒	罪

한자	부수	뜻	쓰기					적용	
景 볕경	日 12획	㉠볕, 햇빛 ㉡해, 태양	景	景	景			景致(　)	光景(　)
量 헤아릴량	里 12획	㉠헤아리다 ㉡추측하다	量	量	量			數量(　)	重量(　)
産 낳을산	生 11획	㉠낳다 ㉡나다 ㉢자라다	産 产	産 产	産 产			産業(　)	生産(　)
建 세울건	廴 9획	㉠세우다 ㉡일으키다	建	建	建			建物(　)	建設(　)
健 건강할건	亻 11획	㉠굳세다 ㉡건강하다	健	健	健			健康(　)	健全(　)

선생님이나 부모님이 가끔씩 훈음을 물어보고 맞으면 싸인하고 칭찬해 주세요

産	健	景	量	建

한자	부수	뜻	쓰기					적용
偉 클위 伟	亻 11획	㉠크다 ㉡위대하다	偉	偉	偉			偉人（　　） 偉大（　　）
億 억억 亿	亻 15획	㉠억 ㉡많은 수 ㉢편안하 다	億	億	億			億萬（　　） 百億（　　）
停 머무를정	凵 4획	㉠머무르다 ㉡정지하다	停	停	停			停止（　　） 停電（　　）
原 근원원	厂 10획	㉠언덕 ㉡근원	原	原	原			原因（　　） 原理（　　）
願 원할원 愿	頁 19획	㉠원하다 ㉡바라다	願	願	願			願書（　　） 所願]（　　）

선생님이나 부모님이 가끔씩 훈음을 물어보고 맞으면 싸인하고 칭찬해 주세요

停	原	偉	億	願

한자	부수	뜻	쓰기					적용
歷 지날력 历	止 16획	㉠지나다 ㉡겪다 ㉢다니다	歷	歷	歷			歷史(　) 經歷(　)
			历	历	历			
廣 넓을광 广	广 15획	㉠넓다 ㉡넓히다	廣	廣	廣			廣場(　) 廣告(　)
			广	广	广			
葉 잎엽 叶	艹 13획	㉠잎, 꽃잎 ㉡시대 ㉢갈래	葉	葉	葉			葉書(　) 落葉(　)
			叶	叶	叶			
落 떨어질락 落	艹 13획	㉠떨어지다 ㉡이루다 ㉢준공하다	落	落	落			落葉(　) 急落(　)
			落	落	落			
舊 옛/예구 旧	白 18획	㉠옛 ㉡친구 ㉢늙은이	舊	舊	舊			舊式(　) 親舊(　)
			旧	旧	旧			

선생님이나 부모님이 가끔씩 훈음을 물어보고 맞으면 싸인하고 칭찬해 주세요

葉	廣	舊	歷	落

한자	부수	뜻	쓰기					적용
觀 볼관 观	見 25획	㉠보다 ㉡보이게 하다	觀 觀 觀 观 观 观					觀覽(　) 觀衆(　)
旅 나그네려	方 10획	㉠나그네 ㉡군대 ㉢무리	旅 旅 旅					旅行(　) 旅券(　)
傳 전할전 传	亻 13획	㉠전하다 ㉡펴다	傳 傳 傳 传 传 传					傳說(　) 傳統(　)
團 둥글단 团	囗 14획	㉠둥글다 ㉡모으다 ㉢굴러가다	團 團 團 团 团 团					團束(　) 團體(　)
德 덕덕	彳 15획	㉠크다 ㉡덕으로 여기다	德 德 德					德談(　) 德分(　)

선생님이나 부모님이 가끔씩 훈음을 물어보고 맞으면 싸인하고 칭찬해 주세요

傳	團	旅	觀	德

한자	부수	뜻	쓰기					적용	
板 널판지판	木 8획	㉠널빤지 ㉡판목 ㉢판자	板	板	板			板子(	)
								看板(	)
案 책상안	木 10획	㉠책상 ㉡생각 ㉢안건	案	案	案			案內(	)
								案件(	)
橋 다리교 桥	木 16획	㉠다리, 교량 ㉡시렁 ㉢가마	橋	橋	橋			橋梁(	)
			桥	桥	桥			陸橋(	)
過 지날과 过	辶 13획	㉠지나다 ㉡경과하다 ㉢왕래하다	過	過	過			過去(	)
			过	过	过			過食(	)
選 가릴선 选	辶 16획	㉠가리다 ㉡뽑다 ㉢고르다	選	選	選			選擧(	)
			选	选	选			選擇(	)

선생님이나 부모님이 가끔씩 훈음을 물어보고 맞으면 싸인하고 칭찬해 주세요

案	橋	板	選	過

한자	부수	뜻	쓰기					적용
許 허락할허	言 11획	㉠허락하다 ㉡승낙하다						許諾(　) 許可(　)
說 말씀설	言 14획	㉠말씀 ㉡말하다						說明(　) 辱說(　)
談 말씀담	言 15획	㉠말씀 ㉡이야기						相談(　) 弄談(　)
課 매길과	言 15획	㉠매기다 ㉡공부하다 ㉢시험하다						課題(　) 課稅(　)
識 알식	言 19획	㉠알다 ㉡지식 ㉢식견						知識(　) 常識(　)

선생님이나 부모님이 가끔씩 훈음을 물어보고 맞으면 싸인하고 칭찬해 주세요

說	談	許	識	課

한자	부수	뜻	쓰기					적용
知 알 지	矢 8획	㉠알다 ㉡깨닫다 ㉢분별하다	知	知	知			知識(　　) 知能(　　)
調 고를 조 调	言 15획	㉠고르다 ㉡조사하다	調	調	調			調査(　　) 調節(　　)
			調	调	调			
週 주일/돌 주 周	辶 12획	㉠주일 ㉡일주	週	週	週			週末(　　) 每週(　　)
			周	周	周			
給 줄 급 给	糸 12획	㉠주다 ㉡대다 ㉢공급하다	給	給	給			給食(　　) 月給(　　)
			给	给	给			
練 익힐 연 练	糸 15획	㉠익히다 ㉡연습하다	練	練	練			練習(　　) 訓練(　　)
			练	练	练			

선생님이나 부모님이 가끔씩 훈음을 물어보고 맞으면 싸인하고 칭찬해 주세요

週	調	練	知	給

한자	부수	뜻	쓰기					적용
鼻 코비	鼻 14획	㉠코 ㉡구멍 ㉢(코)꿰다	鼻	鼻	鼻			鼻炎( ) 鼻音( )
雨 비우	雨 8획	㉠비 ㉡비가 오다	雨	雨	雨			雨傘( ) 雨備( )
雲 구름운 云	雨 12획	㉠구름 ㉡습기 ㉢은하수	雲 / 云	雲 / 云	雲 / 云			雲集( ) 黑雲( )
雄 수컷웅	隹 12획	㉠수컷 ㉡씩씩하다	雄	雄	雄			雄壯( ) 英雄( )
曜 빛날요	日 18획	㉠빛나다 ㉡빛추다	曜	曜	曜			曜日( ) 七曜( )

선생님이나 부모님이 가끔씩 훈음을 물어보고 맞으면 싸인하고 칭찬해 주세요

雲	雄	鼻	雨	曜

한자	부수	뜻	쓰기					적용
歲 해세 岁	止 13획	㉠해 ㉡나이 ㉢세월 ㉣새 해	歲	歲	歲			歲拜(　　) 歲月(　　)
			岁	岁	岁			
陸 뭍륙 陆	阝 11획	㉠뭍 ㉡육지 ㉢땅 ㉣언덕	陸	陸	陸			陸地(　　) 着陸(　　)
			陆	陆	陆			
競 다툴경 竞	立 20획	㉠다투다 ㉡겨루다	競	競	競			競技(　　) 競爭(　　)
			竞	竞	竞			
輕 가벼울경 轻	角 7획	㉠가볍다 ㉡업신여기다 ㉢가벼이하다	輕	輕	輕			輕重(　　) 輕快(　　)
			轻	轻	轻			
獨 홀로독 独	犭 16획	㉠홀로 ㉡홀몸 ㉢외롭다	獨	獨	獨			獨立(　　) 孤獨(　　)
			独	独	独			

선생님이나 부모님이 가끔씩 훈음을 물어보고 맞으면 싸인하고 칭찬해 주세요

競	歲	獨	陸	輕

한자	부수	뜻	쓰기					적용
料 헤아릴료	斗 10획	㉠헤아리다 ㉡되질하다	料	料	料			料金（　　） 材料（　　）
種 씨종 种	禾 14획	㉠씨, ㉡씨를 뿌리다	種 种	種 种	種 种			種類（　　） 種子（　　）
變 변할변 変	言 23획	㉠변하다 ㉡고치다	變 変	變 変	變 変			變化（　　） 變更（　　）
最 가장최	日 12획	㉠가장 ㉡제일 ㉢최상	最	最	最			最高（　　） 最善（　　）
唱 부를창	口 11획	㉠(노래) 부르다 ㉡먼저 부르다	唱	唱	唱			獨唱（　　） 合唱（　　）

선생님이나 부모님이 가끔씩 훈음을 물어보고 맞으면 싸인하고 칭찬해 주세요

種	料	最	唱	變

한자	부수	뜻	쓰기					적용
關 관계할관 关	門 ( ) 19획	㉠관계하다 ㉡닫다 ㉢끄다	關	關	關			關心( ) 相關( )
			关	关	关			
參 참여할참 参	厶 11획	㉠참여하다 ㉡참가하다 ㉢셋	參	參	參			參加( ) 參拾( )
			参	参	参			
壇 제단단 坛	土 16획	㉠단, 제단 ㉡마루 ㉢터	壇	壇	壇			壇上( ) 花壇( )
			坛	坛	坛			
鐵 쇠철 铁	金 21획	㉠쇠 ㉡검은 쇠 ㉢무기	鐵	鐵	鐵			鐵道( ) 電鐵( )
			铁	铁	铁			
黑 검을흑	黑 12획	㉠검다 ㉡어둡다 ㉢캄캄하다	黑	黑	黑			黑色( ) 黑白( )

선생님이나 부모님이 가끔씩 훈음을 물어보고 맞으면 싸인하고 칭찬해 주세요

壇	黑	參	關	鐵

[問 1-35] 다음 漢字語의 讀音을 쓰세요.
[1] 우유병은 끓는 물로 <u>加熱</u>하여 소독해야 합니다. (   )
[2] 눈이 내린 <u>景觀</u>이 매우 아름답습니다.
[3] 우리 생활에 알맞은 신제품을 <u>考案</u>하였습니다. (   )
[4] 남북 평화통일을 <u>念願</u>했습니다. (   )
[5] 지난 선거에서 <u>落選</u>하였지만 이번에는 당선되었습니다. (   )
[6] 횡단보도 대신에 <u>陸橋</u>를 이용하는 것이 좋습니다. (   )
[7] 우리나라의 <u>首都</u>는 서울입니다.(   )
[8] <u>過勞</u>하면 건강에 좋지 않습니다.(   )
[9] 회사의 <u>再建</u>을 위해 모든 사원이 노력했습니다. (   )
[10] 분단의 <u>固着</u>을 막고 통일을 앞당기려는 노력이 필요합니다. (   )
[11] 연말에는 음주 <u>團束</u>을 자주해야 합니다. (   )
[12] 이 음식은 <u>消化</u>가 잘됩니다.(   )
[13] 설날은 어른들에게 세배를 드리고 <u>德談</u>을 나누는 날입니다. (   )
[14] 그들은 친구 간에 <u>友情</u>이 돈독합니다. (   )
[15] 가급적 에너지 <u>節約</u>을 해야 합니다. (   )
[16] 드디어 <u>最終</u> 면접에서 합격하였습니다. (   )
[17] 위원회는 그 사안을 합당한 것으로 <u>完結</u>하였습니다. (   )
[18] 그는 경제 문제에 대해 <u>卓見</u>을 가지고 있습니다. (   )
[19] 그 회사에 지원할 <u>要件</u>을 갖추었습니다. (   )
[20] 고기잡이 하는 배를 <u>漁船</u>이라 합니다. (   )

[21] 그는 많은 <u>財産</u>을 사회에 기부하였습니다. (   )
[22] 정규적으로 <u>奉仕</u> 활동을 합니다. (   )
[23] 요즘 많은 가정에서 <u>無線</u> 전화기를 사용합니다. (   )
[24] 그는 만담으로 사람들을 웃기는 <u>特技</u>를 가졌습니다. (   )
[25] 학교 <u>賣店</u>에서 간단히 식사를 하였습니다. (   )
[26] 그는 계약서 <u>寫本</u>을 제시하였습니다. (   )
[27] 갑자기 찾아온 <u>寒害</u>로 농작물 피해가 큽니다. (   )
[28] 일이 <u>當初</u>의 생각과 다르게 잘 풀렸습니다. (   )
[29] <u>賞品</u>으로 국어사전을 받았습니다. (   )
[30] 이번 발표가 어떤 <u>實效</u>를 가져올지 아직 모릅니다. (   )
[31] 합창에 이어 <u>獨唱</u>으로 마무리를 하였습니다. (   )
[32] <u>善良</u>한 사람들을 상대로 그런 행위를 해서는 안 됩니다. (   )
[33] 눈이 오면 길이 <u>氷板</u>이 되니 조심해야 합니다. (   )
[34] 이번 공연의 마지막 <u>順序</u>가 곧 펼쳐집니다. (   )
[35] 이번 도서 <u>展示</u>는 다음 달까지 연장되었습니다. (   )

[問 36-58] 다음 漢字의 訓과 音을 쓰세요.
　<보기> : 字 → 글자 자
[36] 亡 → (   )
[37] 貯 → (   )
[38] 炭 → (   )
[39] 黑 → (   )
[40] 規 → (   )

[41] 止 → (   )

[42] 養 → (   )

[43] 鐵 → (   )

[44] 貴 → (   )

[45] 仙 → (   )

[46] 雄 → (   )

[47] 己 → (   )

[48] 流 → (   )

[49] 赤 → (   )

[50] 祝 → (   )

[51] 汽 → (   )

[52] 洗 → (   )

[53] 屋 → (   )

[54] 充 → (   )

[55] 典 → (   )

[56] 島 → (   )

[57] 旅 → (   )

[58] 兵 → (   )

[問 59-73] 다음 밑줄 친 漢字語를 漢字로 쓰세요.

[59] 양서를 <u>다독</u>하는 것이 좋습니다.
(   )

[60] 최종 <u>집계</u>가 조금 있으면 나올 것입니다.
(   )

[61] 남쪽 <u>방면</u>으로 여행했습니다.
(   )

[62] 오늘은 <u>합반</u> 수업이 있는 날입니다.
(   )

[63] 내년부터 <u>분가</u>해서 살기로 했습니다.
(   )

[64] 이번 경기는 우리에게 <u>승산</u>이 있습니다.
(   )

[65] 이 집 아들은 <u>효자</u>라고 소문이 자자합니다.
(   )

[66] <u>주유소</u>에 들러서 기름을 넣어야 합니다.
(   )

[67] 이번 인사는 <u>출신</u> 지역을 고르게 안배했다는 평을 받았습니다.
(   )

[68] 집안도 두루두루 <u>화평</u>하시기를 기원합니다.
(   )

[69] 다음에는 <u>실수</u>하지 않기를 바랍니다.
(   )

[70] <u>방심</u>하지 말고 행동하기 바랍니다.
(   )

[71] 다문화가정 자녀를 <u>동등</u>하게 대우해야 합니다.
(   )

[72] <u>야생</u> 동물을 보호하기 위해 도로에 다리를 놓았습니다.
(   )

[73] <u>석양</u>에 붉게 물든 하늘이 아름답습니다.
(   )

[問 74-78] 다음 訓과 音에 맞는 漢字를 쓰세요.

[74] 머리 두 → (   )

[75] 아침 조 → (   )

[76] 누를 황 → (   )

[77] 클 태   → (   )

[78] 새 신   → (   )

[問 79-81] 다음 한자와 뜻이 相對또는 反對되는 한자를 쓰세요.

[79] (   ) ↔ 樂   (   )

[80] (   ) ↔ 敗   (   )

[81] 因 ↔ (   )   (   )

[問 82-85] 다음 (   )에 들어 갈 가장 적절한 漢字語를 <보기>에서 찾아 그 번호를 써서 漢字語를 만드세요.

　　<보기>
　　① 所聞 ② 東風 ③ 期待 ④ 工商
　　⑤ 一致 ⑥ 致知 ⑦ 世界 ⑧ 百倍

[82] 馬耳(   ) : 남의 말을 귀담아 듣지 않고 흘려버림.
(   )

[83] 格物(   ) : 사물의 이치를 연구하여 자기의 지식을 확고하게 함.
(   )

뒷면 계속

[84] 勇氣( ) : 격려나 응원 따위에 자극을 받아 힘이나 용기를 더냄.   (   )

[85] 士農( ) : 예전에 백성을 나누던 네 가지 계급으로 선비, 농부, 공장(工匠), 상인을 이르던 말.   (   )

[問 86-88] 다음 漢字와 뜻이 같거나 비슷한 漢字를 <보기>에서 찾아 그 번호를 쓰세요.

　　<보기>
　①吉 ②爭 ③凶
　④重 ⑤變 ⑥通

[86] 競 (   )
[87] 改 (   )
[88] 惡 (   )

[問 89-91] 다음 漢字와 音은 같은데 뜻이 다른 漢字를 <보기>에서 두 개씩 찾아 그 번호를 쓰세요.

　　<보기>
　① 舊 ② 輕 ③ 比 ④ 告
　⑤ 關 ⑥ 偉 ⑦ 利 ⑧ 鼻
　⑨ 練 ⑩ 筆 ⑪ 救 ⑫ 京

[89] 敬 : (   ), (   )
[90] 費 : (   ), (   )
[91] 具 : (   ), (   )

[問 92-94] 다음 뜻풀이에 맞는 漢字語를 <보기>에서 찾아 그 번호를 쓰세요.

　　<보기>
　① 高祖 ② 全史 ③ 晝間
　④ 高調 ⑤ 戰史 ⑥ 週間
　⑦ 高操 ⑧ 前事 ⑨ 主間

[92] 높은 가락.   (   )

[93] 월요일부터 일요일까지 한 주일 동안.   (   )

[94] 모든 분야를 포괄하는 전체의 역사.   (   )

[問 95-97] 다음 漢字의 약자(획수를 줄인 漢字)를 쓰세요.
[95] 區
[96] 藥
[97] 號

[問 98-100] 다음 漢字의 진하게 표시한 획은 몇 번째 쓰는 획인지 <보기>에서 찾아 그 번호를 쓰세요.

　　<보기>
　① 첫 번째　② 두 번째
　③ 세 번째　④ 네 번째
　⑤ 다섯 번째　⑥ 여섯 번째
　⑦ 일곱 번째　⑧ 여덟 번째
　⑨ 아홉 번째　⑩ 열 번째

[98] (   )

[99] (   )

[100] (   )

<끝>. - 수고하셨습니다. -

[問 1-35] 다음 漢字語의 讀音을 쓰세요.
[1] 용돈을 節約하여 저금을 합니다.
(   )
[2] 여러 번의 失敗 끝에 성공을 하였습니다. (   )
[3] 복습한 效果가 있어 시험을 잘 보았습니다. (   )
[4] 내 동생은 性質이 온순합니다.
(   )
[5] 꾸준히 노력해야 技術을 익힙니다.
(   )
[6] 설악산의 景致는 매우 아름답습니다.
(   )
[7] 낮과 밤을 晝夜라고 합니다. (   )
[8] 농작물의 物價가 많이 내렸습니다.
(   )
[9] 연말에 대통령 選擧가 있습니다.
(   )
[10] 인간은 서로 競爭하며 살아갑니다.
(   )
[11] 우리나라는 눈부신 發展을 하고 있습니다. (   )
[12] 큰 事件도 아닌데 너무 시끄럽습니다.
(   )
[13] 내 일은 내가 責任을 지겠습니다.
(   )
[14] 어머니가 改良 한복을 입었습니다.
(   )
[15] 공책의 種類가 여러 가지입니다.
(   )
[16] 영수의 작품이 特別히 뛰어 납니다.
(   )
[17] 형님이 축구 練習을 많이 합니다.
(   )
[18] 이 마을은 漁業으로 성공 하였습니다.
(   )
[19] 책은 공부에 꼭 必要합니다. (   )
[20] 기준이는 나의 좋은 親舊입니다.
(   )

[21] 기다리던 편지가 到着하였습니다.
(   )
[22] 동창회에 모두 參席하였습니다.
(   )
[23] 빨간 신호는 停止 신호입니다.
(   )
[24] 독서를 통해 知識을 얻습니다.
(   )
[25] 이번 서리에 농작물이 寒害를 입었습니다. (   )
[26] 오후에 외출 許可를 받았습니다.
(   )
[27] 대화를 할 때는 感情을 가라앉혀야 합니다. (   )
[28] 우리는 祝福 받은 자연을 가진 나라입니다. (   )
[29] 모든 일에 最善을 다 해야 합니다.
(   )
[30] 過去의 잘못을 되풀이하면 안 됩니다.
(   )
[31] 바닥에 큰 鐵板이 깔려 있습니다.
(   )
[32] 열심히 일 하면 좋은 結末이 옵니다.
(   )
[33] 나는 일요일 마다 奉仕 활동을 합니다. (   )
[34] 다시 한 번 꼭 뵙기를 熱望합니다.
(   )
[35] 좋은 原因이 좋은 결과를 낳습니다.
(   )

[問 36-58] 다음 漢字의 訓과 音을 쓰세요.
  <보기> : 字 → 글자 자
[36] 獨 → (   )
[37] 德 → (   )
[38] 湖 → (   )
[39] 序 → (   )
뒷면 계속

[40] 終 → (   )
[41] 偉 → (   )
[42] 曜 → (   )
[43] 實 → (   )
[44] 屋 → (   )
[45] 量 → (   )
[46] 都 → (   )
[47] 綠 → (   )
[48] 族 → (   )
[49] 勝 → (   )
[50] 罪 → (   )
[51] 炭 → (   )
[52] 仙 → (   )
[53] 朗 → (   )
[54] 救 → (   )
[55] 觀 → (   )
[56] 患 → (   )
[57] 英 → (   )
[58] 昨 → (   )

[問 59-73] 다음 밑줄 친 漢字語를 漢字로 쓰세요.
[59] 기념식에 남녀노소 모두 나왔습니다.
(   )
[60] 실외 활동을 많이 해야 튼튼해집니다.
(   )
[61] 길이 동서로 길게 뻗어 있습니다.
(   )
[62] 나는 매일 일곱 시에 일어납니다.
(   )
[63] 추석 달은 유난히 밝습니다. (   )
[64] 화단에 화초를 많이 심었습니다.
(   )
[65] 바다 속에 해양 식물이 많이 있습니다.
(   )
[66] 차도를 건널 때는 좌우를 살펴야 합니다.
(   )

[67] 부모님의 은혜는 하늘과 같습니다.
(   )
[68] 생물의 생명은 모두 소중합니다.
(   )
[69] 추석에 조상님께 제사를 지냈습니다.
(   )
[70] 산촌의 공기는 매우 맑습니다.
(   )
[71] 봄에는 산에 식목을 합니다.
(   )
[72] 우리 형제는 의좋게 지냅니다.
(   )
[73] 교실을 출입할 때 뛰면 안 됩니다.
(   )

[問 74-78] 다음 訓과 音에 맞는 漢字를 쓰세요.
[74] 지경 계 → (   )
[75] 아침 조 → (   )
[76] 머리 두 → (   )
[77] 때 부   → (   )
[78] 다행 행 → (   )

[問 79-81] 다음 한자와 뜻이 相對또는 反對되는 한자를 쓰세요.
[79] 心 ↔ ( )   (   )
[80] ( ) ↔ 少   (   )
[81] 長 ↔ ( )   (   )
[問 82-85] 다음 ( )에 들어 갈 가장 적절한 漢字語를 <보기>에서 찾아 그 번호를 써서 漢字語를 만드세요.
<보기>
① 正大 ② 遠近 ③ 當局 ④ 愛人
⑤ 無言 ⑥ 宿願 ⑦ 不變 ⑧ 談話
[82] 萬古( ): 오래도록 변하지 않음.
(   )

[83] 敬天( ) : 하늘을 공경하고 사람을 사랑함.   ( )

[84] 公明( ) : 마음이 밝고 사사로움이 없음.   ( )

[85] 有口( ) : 입은 있으나 할 말이 없음.
                                ( )

[問 86-88] 다음 漢字와 뜻이 같거나 비슷한 漢字를 <보기>에서 찾아 그 번호를 쓰세요.

   <보기>
   ① 初   ② 位   ③ 比
   ④ 考   ⑤ 則   ⑥ 課

[86] 規 (   )

[87] 思 (   )

[88] 始 (   )

[問 89-91] 다음 漢字와 音은 같은데 뜻이 다른 漢字를 <보기>에서 두 개씩 찾아 그 번호를 쓰세요.

   <보기>
   ① 電   ② 災   ③ 賞   ④ 査
   ⑤ 歲   ⑥ 産   ⑦ 洗   ⑧ 束
   ⑨ 鮮   ⑩ 相   ⑪ 財   ⑫ 寫

[89] 再 : (   ), (   )

[90] 史 : (   ), (   )

[91] 商 : (   ), (   )

[問 92-94] 다음 뜻풀이에 맞는 漢字語를 <보기>에서 찾아 그 번호를 쓰세요.

   <보기>
   ① 表決   ② 消費   ③ 交通
   ④ 完成   ⑤ 教育   ⑥ 用度
   ⑦ 傳說   ⑧ 體操   ⑨ 打開

[92] 써서 없앰.   (   )

[93] 가르쳐서 길러 냄.   (   )

[94] 전해 오는 이야기.   (   )

[問 95-97] 다음 漢字의 약자(획수를 줄인 漢字)를 쓰세요.

[95] 氣   (   )

[96] 圖   (   )

[97] 醫   (   )

[問 88-90] 다음 漢字의 진하게 표시한 획은 몇 번째 쓰는 획인지 <보기>에서 찾아 그 번호를 쓰세요.

   <보기>
   ① 첫 번째   ② 두 번째
   ③ 세 번째   ④ 네 번째
   ⑤ 다섯 번째 ⑥ 여섯 번째
   ⑦ 일곱 번째 ⑧ 여덟 번째
   ⑨ 아홉 번째 ⑩ 열 번째

[88] (   )

式

[89] (   )

市

[90] (   )

才

<끝>. - 수고하셨습니다. -

8급 전국한자능력검정시험 기출문제

1회 답안지				2회 답안지			
번호	정답	번호	정답	번호	정답	번호	정답
1	사	26	④ 東	1	문	26	① 月
2	촌	27	⑥ 長	2	북	27	⑦ 寸
3	형	28	⑨ 敎	3	국	28	② 中
4	한	29	⑩ 先	4	남	29	⑥ 韓
5	국	30	③ 女	5	산	30	⑤ 日
6	중	31	⑩ 七	6	백	31	배울 학
7	청	32	① 三	7	청	32	해 년
8	년	33	⑤ 南	8	형	33	동녘 동
9	대	34	③ 北	9	선	34	일만 만
10	금	35	⑧ 白	10	여	35	여섯 륙
11	⑩ 二	36	⑥ 父	11	③ 大	36	날 생
12	⑤ 軍	37	④ 小	12	⑨ 人	37	넉 사
13	① 十	38	② 水	13	⑦ 軍	38	가르칠 교
14	③ 九	39	⑦ 人	14	① 父	39	한 일
15	⑦ 弟	40	⑨ 日	15	⑥ 母	40	쇠 금,성 김
16	⑨ 木	41	⑤ 산	16	⑧ 民	41	③ 임금
17	⑧ 土	42	① 서쪽	17	⑤ 弟	42	⑤ 서녘
18	② 母	43	④ 하나	18	② 小	43	⑦ 물
19	④ 火	44	⑧ 생	19	④ 土	44	② 둘
20	⑥ 外	45	③ 륙	20	⑩ 七	45	④ 학교
21	⑤ 校	46	⑦ 집	21	⑧ 八	46	⑧ 길다
22	⑦ 八	47	⑥ 문	22	③ 室	47	① 열
23	⑧ 月	48	② 왕	23	⑩ 外	48	⑥ 다섯
24	① 五	49	⑪	24	④ 火	49	④
25	② 民	50	⑫	25	⑨ 木	50	⑤

7급 전국한자능력검정시험 기출문제 1회 답안지

번호	정답	번호	정답	번호	정답
1	생전	26	산림	51	아홉 구
2	교가	27	장남	52	한가지 동
3	수초	28	세상	53	② 住所
4	사물	29	공기	54	① 孝心
5	국가	30	지방	55	⑨ 寸
6	전화	31	추석	56	⑦ 靑
7	소식	32	유명	57	⑤ 弟
8	농토	33	겨울 동	58	③ 南
9	입학	34	강 강	59	① 里
10	대문	35	여름 하	60	⑩ 休
11	수중	36	지아비 부	61	⑥ 右
12	동해	37	심을 식	62	④ 村
13	매월	38	살 활	63	⑧ 色
14	평시	39	낮 오	64	② 洞
15	목화	40	왼 좌	65	④ 女
16	백지	41	적을 소	66	① 內
17	내년	42	대답 답	67	사람의 목숨
18	삼면	43	일곱 칠	68	해가 뜸/해가 나옴
19	선조	44	바를 정	69	⑦
20	수만	45	일천 천	70	⑫
21	자동차	46	임금/주인 주	71	
22	민간	47	늙을 로	72	
23	도립	48	봄 춘	73	
24	시장	49	입 구	74	
25	편안	50	가르칠 교	75	

<table>
<tr><td colspan="6" align="center">7급 전국한자능력검정시험 기출문제 2회 답안지</td></tr>
<tr><td>번호</td><td>정답</td><td>번호</td><td>정답</td><td>번호</td><td>정답</td></tr>
<tr><td>1</td><td>형부</td><td>26</td><td>왕명</td><td>51</td><td>오른(쪽) 우</td></tr>
<tr><td>2</td><td>후세</td><td>27</td><td>조국</td><td>52</td><td>빛 색</td></tr>
<tr><td>3</td><td>입하</td><td>28</td><td>외면</td><td>53</td><td>④ 電氣</td></tr>
<tr><td>4</td><td>천년</td><td>29</td><td>시장</td><td>54</td><td>① 自然</td></tr>
<tr><td>5</td><td>가문</td><td>30</td><td>등교</td><td>55</td><td>② 百</td></tr>
<tr><td>6</td><td>활동</td><td>31</td><td>백지</td><td>56</td><td>⑧ 有</td></tr>
<tr><td>7</td><td>불편</td><td>32</td><td>주소</td><td>57</td><td>⑥ 姓</td></tr>
<tr><td>8</td><td>화초</td><td>33</td><td>기 기</td><td>58</td><td>③ 重</td></tr>
<tr><td>9</td><td>공중</td><td>34</td><td>내 천</td><td>59</td><td>⑩ 話</td></tr>
<tr><td>10</td><td>간식</td><td>35</td><td>셈 산</td><td>60</td><td>① 林</td></tr>
<tr><td>11</td><td>학내</td><td>36</td><td>아우 제</td><td>61</td><td>⑨ 母</td></tr>
<tr><td>12</td><td>평민</td><td>37</td><td>기를 육</td><td>62</td><td>④ 午</td></tr>
<tr><td>13</td><td>휴일</td><td>38</td><td>골 동, (밝을통)</td><td>63</td><td>⑤ 冬</td></tr>
<tr><td>14</td><td>효심</td><td>39</td><td>일만 만</td><td>64</td><td>⑦ 時</td></tr>
<tr><td>15</td><td>해녀</td><td>40</td><td>장인 공</td><td>65</td><td>② 少</td></tr>
<tr><td>16</td><td>가수</td><td>41</td><td>마디 촌</td><td>66</td><td>① 間</td></tr>
<tr><td>17</td><td>하직</td><td>42</td><td>군사 군</td><td>67</td><td>같은 이름/이름이 같음</td></tr>
<tr><td>18</td><td>출생</td><td>43</td><td>남녘 남</td><td>68</td><td>지난해</td></tr>
<tr><td>19</td><td>청춘</td><td>44</td><td>올 래</td><td>69</td><td>⑦</td></tr>
<tr><td>20</td><td>농촌</td><td>45</td><td>아비 부</td><td>70</td><td>⑤</td></tr>
<tr><td>21</td><td>천안</td><td>46</td><td>동녘 동</td><td></td><td></td></tr>
<tr><td>22</td><td>추석</td><td>47</td><td>집 실</td><td></td><td></td></tr>
<tr><td>23</td><td>차도</td><td>48</td><td>기록할 기</td><td></td><td></td></tr>
<tr><td>24</td><td>토지</td><td>49</td><td>고을 읍</td><td></td><td></td></tr>
<tr><td>25</td><td>식물</td><td>50</td><td>가르칠 교</td><td></td><td></td></tr>
</table>

6급 전국한자능력검정시험 기출문제 1회 답안지

번호	정답	번호	정답	번호	정답	번호	정답
1	두각	26	정원	51	의원 의	76	③ 長
2	신문	27	특색	52	집 당	77	③ 遠
3	승리	28	사명	53	강할 강	78	② 京
4	집대성	29	전연	54	차례 제	79	② 公
5	속행	30	감동	55	여름 하	80	① 石
6	주야	31	작금	56	休校	81	⑥ 樂
7	애용	32	민족	57	後記	82	④ 身
8	표출	33	약	58	自立	83	① 服
9	운수	34	지경 계	59	入口	84	② 食
10	차창	35	재주 술	60	孝女	85	③ 道
11	서화	36	들 야	61	教育	86	누런 땅(흙
12	신명	37	다스릴 리	62	左右	87	메(산)와 바다
13	부재자	38	농사 농	63	老少	88	⑤
14	온화	39	아침 조	64	登場	89	①
15	선친	40	실과 과	65	平面	90	⑧
16	형편	41	날랠 용	66	每日		
17	의향	42	뿌리 근	67	弟子		
18	풍습	43	큰바다 양	68	父母		
19	식수	44	다행 행	69	心算		
20	소실	45	놓을 방	70	活氣		
21	사교	46	비로소 시	71	不安		
22	석양	47	마실 음	72	室外		
23	병석	48	손자 손	73	邑內		
24	구별	49	법식 례	74	住所		
25	주목	50	아이 동	75	姓名		

6급 전국한자능력검정시험 기출문제 2회 답안지

번호	정답	번호	정답	번호	정답	번호	정답
1	지구	26	화공	51	창 창	76	③ 今
2	평화	27	신록	52	부을 주	77	③ 少
3	전공	28	감기	53	말미암을 유	78	④ 死
4	목례	29	강도	54	사라질 소	79	⑧ 別
5	명당	30	의식	55	누를 황	80	⑥ 三
6	시계	31	영원	56	登校	81	① 春
7	사명	32	친정	57	祖父	82	② 章
8	공원	33	금은	58	空中	83	② 號
9	개방	34	골동(밝을통)	59	人口	84	④ 藥
10	야간	35	오얏/성 리	60	東南	85	② 才
11	미음	36	아름다울 미	61	活動	86	問安
12	집합	37	병 병	62	萬物	87	算數
13	상경	38	돌 석	63	午後	88	③
14	백주	39	볕 양	64	秋夕	89	④
15	가장	40	큰바다 양	65	海水	90	⑤
16	학구	41	들 야	66	孝道		
17	하복	42	많을 다	67	敎育		
18	행군	43	차례 번	68	兄弟		
19	고언	44	꽃 화	69	江北		
20	민족	45	꽃부리 영	70	市場		
21	특출	46	내 천	71	旗手		
22	농사	47	자리 석	72	植木		
23	군계	48	곧을 직	73	小村		
24	근본	49	나무 수	74	大門		
25	통로	50	가까울 근	75	同姓		

<table>
<tr><td colspan="8" align="center">5급 전국한자능력검정시험 기출문제 1회 답안지</td></tr>
<tr><td>번호</td><td>정답</td><td>번호</td><td>정답</td><td>번호</td><td>정답</td><td>번호</td><td>정답</td></tr>
<tr><td>1</td><td>가열</td><td>26</td><td>사본</td><td>51</td><td>물끓는김 기</td><td>76</td><td>黃</td></tr>
<tr><td>2</td><td>경관</td><td>27</td><td>한해</td><td>52</td><td>씻을 세</td><td>77</td><td>太</td></tr>
<tr><td>3</td><td>고안</td><td>28</td><td>당초</td><td>53</td><td>집 옥</td><td>78</td><td>新</td></tr>
<tr><td>4</td><td>염원</td><td>29</td><td>상품</td><td>54</td><td>채울 충</td><td>79</td><td>苦</td></tr>
<tr><td>5</td><td>낙선</td><td>30</td><td>실효</td><td>55</td><td>법 전</td><td>80</td><td>成</td></tr>
<tr><td>6</td><td>육교</td><td>31</td><td>독창</td><td>56</td><td>섬 도</td><td>81</td><td>果</td></tr>
<tr><td>7</td><td>수도</td><td>32</td><td>선량</td><td>57</td><td>나그네 려</td><td>82</td><td>② 東風</td></tr>
<tr><td>8</td><td>과로</td><td>33</td><td>빙판</td><td>58</td><td>병사 병</td><td>83</td><td>⑥ 致知</td></tr>
<tr><td>9</td><td>재건</td><td>34</td><td>순서</td><td>59</td><td>多讀</td><td>84</td><td>⑧ 百倍</td></tr>
<tr><td>10</td><td>고착</td><td>35</td><td>전시</td><td>60</td><td>集計</td><td>85</td><td>④ 工商</td></tr>
<tr><td>11</td><td>단속</td><td>36</td><td>망할 망</td><td>61</td><td>方面</td><td>86</td><td>② 爭</td></tr>
<tr><td>12</td><td>소화</td><td>37</td><td>쌓을 저</td><td>62</td><td>合班</td><td>87</td><td>⑤ 變</td></tr>
<tr><td>13</td><td>덕담</td><td>38</td><td>숯 탄</td><td>63</td><td>分家</td><td>88</td><td>③ 凶</td></tr>
<tr><td>14</td><td>우정</td><td>39</td><td>검을 흑</td><td>64</td><td>勝算</td><td>89</td><td>② 輕, ⑫ 京</td></tr>
<tr><td>15</td><td>절약</td><td>40</td><td>법 규</td><td>65</td><td>孝子</td><td>90</td><td>③ 比, ⑧ 鼻</td></tr>
<tr><td>16</td><td>최종</td><td>41</td><td>그칠 지</td><td>66</td><td>注油</td><td>91</td><td>① 舊, ⑪ 救</td></tr>
<tr><td>17</td><td>완결</td><td>42</td><td>기를 양</td><td>67</td><td>出身</td><td>92</td><td>④ 高調</td></tr>
<tr><td>18</td><td>탁견</td><td>43</td><td>쇠 철</td><td>68</td><td>和平</td><td>93</td><td>⑥ 週間</td></tr>
<tr><td>19</td><td>요건</td><td>44</td><td>귀할 귀</td><td>69</td><td>失手</td><td>94</td><td>② 全史</td></tr>
<tr><td>20</td><td>어선</td><td>45</td><td>신선 선</td><td>70</td><td>放心</td><td>95</td><td>区</td></tr>
<tr><td>21</td><td>재산</td><td>46</td><td>수컷 웅</td><td>71</td><td>同等</td><td>96</td><td>薬</td></tr>
<tr><td>22</td><td>봉사</td><td>47</td><td>몸 기</td><td>72</td><td>野生</td><td>97</td><td>号</td></tr>
<tr><td>23</td><td>무선</td><td>48</td><td>흐를 류</td><td>73</td><td>夕陽</td><td>98</td><td>⑧</td></tr>
<tr><td>24</td><td>특기</td><td>49</td><td>붉을 적</td><td>74</td><td>頭</td><td>99</td><td>④</td></tr>
<tr><td>25</td><td>매점</td><td>50</td><td>빌 축</td><td>75</td><td>朝</td><td>100</td><td>⑧</td></tr>
</table>

	5급 전국한자능력검정시험 기출문제 2회 답안지						
번호	정답	번호	정답	번호	정답	번호	정답
1	절약	26	허가	51	숯 탄	76	頭
2	실패	27	감정	52	신선 선	77	部
3	효과	28	축복	53	밝을 랑	78	幸
4	성질	29	최선	54	구원할구	79	身
5	기술	30	과거	55	볼 관	80	多
6	경치	31	철판	56	근심 환	81	短
7	주야	32	결말	57	꽃부리 영	82	⑦ 不變
8	물가	33	봉사	58	어제 작	83	④ 愛人
9	선거	34	열망	59	男女	84	① 正大
10	경쟁	35	원인	60	活動	85	⑤ 無言
11	발전	36	홀로 독	61	東西	86	⑤ 則
12	사건	37	큰 덕	62	每日	87	④ 考
13	책임	38	호수 호	63	秋夕	88	① 初
14	개량	39	차례 서	64	花草	89	② 災 ⑪ 財
15	종류	40	마칠 종	65	海洋	90	④ 査 ⑫ 寫
16	특별	41	클 위	66	左右	91	③ 賞 ⑩ 相
17	연습	42	빛날 요	67	父母	92	② 消費
18	어업	43	열매 실	68	生命	93	⑤ 敎育
19	필요	44	집 옥	69	祖上	94	⑦ 傳說
20	친구	45	헤아릴량	70	山村	95	气
21	도착	46	도읍 도	71	植木	96	図
22	참석	47	푸를 록	72	兄弟	97	医
23	정지	48	겨레 족	73	出入	98	⑤
24	지식	49	이길 승	74	界	99	⑤
25	한해	50	허물 죄	75	朝	100	①

한자 학습지

월일	학습한자 쓰기, 과제, 평가용으로 활용하시오.
/	
/	
/	
/	
/	
/	
/	

■ 편저 송 진 면 ■

□ 전직 한문교사
□ 상담심리학 석사
□ 송선생 한자교실 원장
□ 사단법인 한중문자교류협회 자문위원
□ 한중 상용한자 지도사회 회장

한국어문회시행(국가공인기관) 한자검정능력시험대비

8급~5급 한자와 기출문제

정가 18,000원

2013年 4月 1日 1版 印刷	
2013年 4月 5日 1版 發行	
편　　저 : 송 진 면	
발 행 인 : 김 현 호	
발 행 처 : 법문 북스	
공 급 처 : 법률미디어	

1 5 2 - 0 5 0
서울 구로구 구로동 636-62
TEL : 2636-2911˜3, FAX : 2636˜3012
등록 : 1979년 8월 27일 제5-22호
Home : www.lawb.co.kr

▌ISBN 978-89-7535-253-9 13710
▌파본은 교환해 드립니다.
▌본서의 무단 전재·복제행위는 저작권법에 의거, 3년 이하
　의 징역 또는 3,000만원 이하의 벌금에 처해집니다.